성적 없는 성적표

성적 없는 성적표

초판1쇄 발행 2018년 6월 12일
초판4쇄 발행 2019년 7월 1일

지은이 류태호
펴낸이 조인원
펴낸곳 경희대학교 출판문화원
주소 서울시 동대문구 경희대로 26
전화 02-961-0106~8, 팩스 02-961-0291
설립 1960년 9월 16일 제5-8호
등록 1977년 11월 8일 제6-5호
홈페이지 www.khupress.com
전자우편 press@khu.ac.kr

ISBN 978-89-8222-575-8 (93370)

'교육 혁명'의 새로운 주역, '역량 평가'란 무엇인가

성적 없는 성적표

류태호(미국 버지니아대학교 교수) 지음

경희대학교 출판문화원

차 례

Part 3

역량 중심 교육은 어떻게 하는가?

Part 4

미래의 교육은 어떻게 바뀌는가?

에필로그

프롤로그

교육의 미래로 안내하는 한 장의 지도

어릴 적 누구나 한 번쯤 『보물섬』이란 소설을 읽었을 것이다. 영국의 소설가 로버트 스티븐슨이 1883년에 출판한 『보물섬』에서 주인공 짐 호킨스는 한 장의 지도만 든 채 해적단이 숨겨놓은 보물을 찾아 모험을 떠난다. 짐 호킨스는 여러 번 어려운 상황을 맞지만 끝내 지도에 표시된 보물섬을 발견하고 엄청난 양의 보물을 손에 넣는다. 그런데 만약 짐 호킨스에게 보물 지도가 없었으면 어떻게 됐을까? 아마도 보물을 찾아 부자가 되겠다는 짐 호킨스의 꿈은 이 섬 저 섬 무작정 헤매고 다니다가 망망대해 한가운데 묻혀버리고 말았을 것이다.

자, 그럼 현실로 돌아와 우리의 모습을 한번 보자. 4차 산업혁명 시대가 곧 도래하므로 지금 준비하지 않으면 큰일 난다고 정부나 언론에서 연일 외쳐대지만 우리에게는 그저 우원한 이야기로 들릴 뿐이다. 4차 산업혁명 시대에는 현존하는 일자리 중 수백만 개가 사

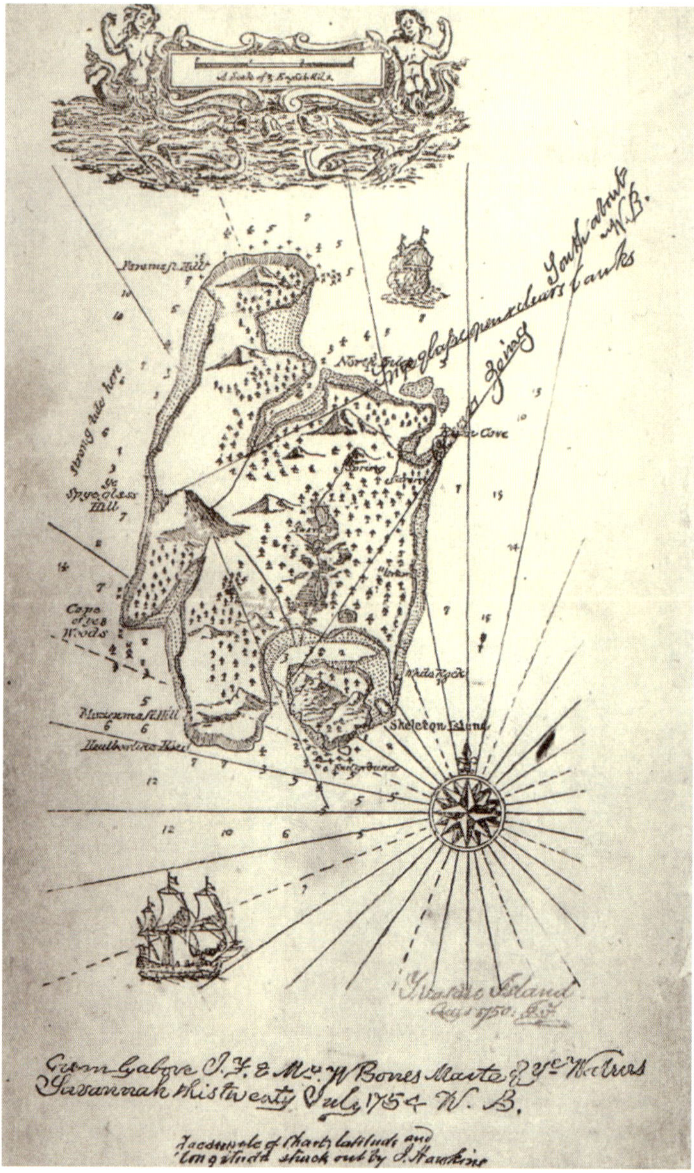

1883년판 『보물섬』에 실린 보물섬 지도

라지고 지금과는 전혀 다른 새로운 일자리가 생겨날 것이라고들 한다. 하지만 구체적으로 지금 우리가 무엇을 어떻게 해야 4차 산업혁명 시대에 성공하는 인재가 될 수 있는가에 대한 명확한 해답이 없어 답답하기만 하다.

특히 4차 산업혁명 시대는 사람 중심의 시대다. 복합 문제 해결 능력(Complex Problem Solving), 비판적 사고 능력(Critical Thinking), 창의력(Creativity), 인적자원 관리 능력(People Management), 협업 능력(Coordinating with Others), 감성 능력(Emotional Intelligence), 판단 및 의사 결정 능력(Judgement and Decision Making), 서비스 지향성(Service Orientation), 협상 능력(Negotiation), 인지적 유연성(Cognitive Flexibility) 등 10대 역량이 요구되는 시대다. 이런 10대 역량을 갖춘 인재를 양성하기 위해 교육 방식의 변화가 필요하다고는 하는데 어디서부터 어떻게 변화해야 할지 막연하기만 하다. 마치 4차 산업혁명이라는 보물섬을 찾아 항해를 떠나야 하는데 목적지의 위치를 알려주는 보물 지도 한 장 없는 형국이다.

따라서 이 책에서는 교육의 미래로 안내하는 한 장의 지도에 대한 이야기를 들려주고자 한다. 바로 최근 시작된 미국 고등학교의 역량 중심 성적표에 대한 이야기다. 미국 100대 명문 사립고등학교에서 영어, 수학, 사회, 역사, 화학, 물리, 생물, 미술, 음악, 체육 등 과목별로 성적이 표기되는 기존의 성적표를 폐지하고 리더십과 팀워크, 분석적이고 창의적인 사고, 복합적 의사소통 등 학생 개인의 역량을 표기하는 역량 중심 성적표를 도입하겠다고 발표하면서 미국 교육계에 큰 파장을 일으켰다.

100대 명문 사립고등학교 학생들 대부분이 아이비리그 등 미국 주요 대학들에 진학하기 때문에 학생 평가 방식과 성적 표기 방식의 변화는 곧 이들 대학의 입학 사정 방식에 변화를 가져올 것이다. 나아가 일반 고등학교와 대학교, 초등학교와 중학교 등 미국 교육 시스템 전반에 영향을 미칠 것으로 예상된다.

그런데 과연 이건 먼 나라 미국만의 이야기일까? 4차 산업혁명을 주도하고 있는 미국에서 왜 이런 파격적인 교육개혁 움직임이 시작되고 있는 걸까? 2차 산업혁명 시대에 처음 시작되었지만 오늘날에도 큰 변화나 개혁 없이 거의 그대로 사용되고 있는 근대 교육 시스템과 학생 평가 방식은 4차 산업혁명 시대에도 여전히 맞는 교육 방식일까? 개인의 역량이나 수업에 대한 이해도에 상관없이 같은 내용을 가르치고 같은 시험을 치르게 하고 A, B, C, D, F로 평가하는 방식은 과연 학생들을 위한 것일까 아니면 학교 운영의 편의성을 위한 것일까? 이 책은 이런 다양한 질문들에 대한 답을 들려줄 것이다. 아울러 지금 우리는 어떤 준비를 해야 하는지 깊이 숙고하고 논의하는 장이 펼쳐지기를 기대해본다.

물론 백년대계(百年大計)라고 불리는 한 나라의 교육 시스템을 한순간에 바꾸는 건 불가능할 뿐만 아니라 무모한 시도가 될 것이다. 하지만 문제가 뻔히 보이고 어떤 방향으로 바뀌야 하는 걸 알면서도 교육개혁을 위한 논의와 준비를 하지 않는 건 우리 당대뿐만 아니라 후대를 위해서도 좋지 않은 일이다. 4차 산업혁명으로의 전환이라는 좋은 계기를 통해 현 교육 시스템의 문제를 직시하고 해결 방안을 마련해간다면 우리나라가 4차 산업혁명 시대를 주도해나갈 수 있을 것이다.

PART 1

역량 중심 성적표란 무엇인가?

이젠 역량을 평가합니다!

2017년 3월 1일 미국 교육계에 획기적인 개혁의 바람이 일었다. 메릴랜드 주의 볼티모어 시에서 개최된 전미사립학교협회(National Association of Independent Schools) 연례 회의에서 명문 사립고등학교인 호킨 스쿨(Hawken School)의 스콧 루니(Scott Looney) 교장이 중심이 되어 기존 성적 중심의 성적표를 폐지하고 역량 중심의 성적표를 도입하겠다고 발표한 것이다.

얼핏 생각해보면 미국 내 몇몇 사립고등학교 교장 선생님들이 모여서 '우리 이렇게 한번 해보자'라고 한 걸 갖고 무슨 호들갑이냐고 치부할 수도 있다. 하지만 단 6개월 만에 130여 개의 미국 명문 사립고등학교들이 동참했으며 포드 재단(The Edward E. Ford Foundation)이 역량 중심 성적표 개발을 위해 20억 원의 자금을 지원했고 50여 개의 언론사가 이를 집중 조명했다. 역량 중심 성적표의 도입은 이제 기정사실이 되었다.

사실 수치상으로만 보면 명문 사립고등학교는 미국의 현행 대학 입학 사정 방식의 최대 수혜자다. 미 국립교육통계센터(National Center for Education Statistics: NCES) 자료에 따르면, 2017~18년도 기준[1] 고등학교 졸업생 수가 총 360만 명인데 그중에 330만 명은 공립고등학교 출신이고 10%도 채 안 되는 30만 명만 사립고등학교 출신이다. 그런데 아이비리그[2]와 같은 우수 대학의 경우 사립고등학교 출신의 신입생이 30%를 웃돈다. 게다가 이들 학생 중 상당수는 여러 대학에 중복 합격하는 경우가 많아 실제 신입생 분포를 보면 사립고등학교 출신 대부분이 명문 대학에 입학한 걸로 나온다. 미국 온라인 뉴스 매체 「스트리트(The Street)」에 따르면, 아이비리그 8개 대학에 가장 많은 학생을 보낸 100대 고등학교 중 94개가 명문 사립고등학교였다. 다시 말해 명문 사립고등학교는 미국의 현행 대학 입학 사정 방식에 대해 속속들이 잘 알고 있으며 거의 모든 졸업생을 우수 대학에 입학시키고 있다는 얘기다.

미국 명문 사립고등학교는 미국뿐만 아니라 전 세계의 엘리트 학생들이 모여들고 최우수 교사진이 양질의 교육을 하고 있으며 우수 대학에 가장 많은 학생을 보내고 있다. 그런데 왜 이들 학교가 변화의 중심에 서게 된 것일까? 바로 미국의 대학 입학 사정 방식에 대

1 봄에 시작해서 겨울에 한 학년을 마치는 한국과 달리 미국의 경우 가을에 시작해서 봄에 한 학년을 마치기 때문에 학년 표기를 2017~18년과 같이 한다.

2 아이비리그(Ivy League)에는 브라운대학교, 컬럼비아대학교, 코넬대학교, 다트머스대학교, 하버드대학교, 펜실베이니아대학교, 프린스턴대학교, 예일대학교 등 8개 대학교가 포함된다. 아이비리그는 원래 미국 북동부에 위치한 8개 사립대학의 스포츠 팀으로 이루어진 운동경기 연맹을 일컬었지만 현재는 학문적 우수성, 까다로운 입학 조건, 엘리트주의를 함축한다.

© Phillips Academy

미국 명문 사립고등학교 중 하나인 필립스 아카데미(Phillips Academy)

해 잘 아는 만큼 평가 방식의 문제점 또한 가장 잘 알기 때문이다.

스콧 루니 교장은 성적 중심 평가 방식의 획일성을 문제점으로 지적했다. 학생들의 지식과 기술, 창의력과 호기심, 협업 능력과 통합 능력, 진실성과 양면가치, 지속성과 타고난 재능을 모두 뭉뚱그려 A, B, C, D, F라는 학점으로 표현하는 심각한 문제가 있다는 것이다. 이것이 바로 역량 중심 성적표의 출발점이다. 전 세계 74억 명의 인구 중에 똑같이 생긴 사람이 단 한 명도 없을 만큼 지구 상의 모든 사람이 제각기 다른 개성과 특성을 갖고 태어났음에도 불구하고, 초등학교, 중학교, 고등학교, 대학교 등 교육 시스템을 거치면서 A, B, C, D, F라는 5가지 그룹으로 분류되고 있다.

개별 학생들은 수업 내용을 완전히 이해하고 숙달할 때까지 추가적이고 지속적인 교육을 받아야 한다. 이처럼 학생 중심의 수업을 해야 함에도 불구하고 현행 교육 시스템은 마치 공장처럼 모든 학생에게 일정 시간 동안 같은 정보를 제공하고 같은 시험을 통해 A, B, C, D, F라는 학점을 부여하면서 교육을 끝내버린다고 스콧 루니 교장은 주장했다. 학생들은 공장에서 생산되는 제품과 달리 D나 F를 받으면 폐기 처리되는 것이 아니기 때문에 수업 내용을 잘 이해하고 숙달할 수 있도록 하는 것이 교육의 목표여야 한다.

스콧 루니 교장은 영어, 수학, 화학, 물리, 생물, 미술, 음악 등으로 나뉘는 교과목 분류도 문제라고 지적했다. 누가 언제 이런 분류를 시작했는지도 모른 채 그저 지금까지 그렇게 해왔으니 여전히 사용하고 있다는 것이다. 하지만 화학과 물리를 통합해 설명할 때 더 잘 이해되는 경우도 있을 수 있으며, 학생의 관심에 따라 생물과 미술을 통합해 수업하는 것이 더 도움이 될 때도 있을 수 있다. 무엇보다도 모든 학생이 나이대로 모여 개인별 관심이나 이해 또는 숙달 정도와 상관없이 모든 수업을 똑같이 듣는 것은 학생 중심의 수업과는 거리가 멀다.

결국 이런 문제를 해결하기 위해 스콧 루니 교장은 역량 중심 성적표 발행이라는 교육 혁신을 단행하기로 결정하고 역량 중심 성적표 컨소시엄(Mastery Transcript Consortium: MTC)을 구성, 본격적인 준비 작업에 착수했다. 2018년 2월 현재 역량 중심 성적표 컨소시엄에는 170여 개의 미국 사립고등학교와 여러 나라의 국제학교가 동참하고 있다. 인천 송도의 채드윅국제학교(Chadwick International School), 중국

미국의 명문 사립고교인 그로턴 스쿨(Groton School)의 졸업식

상하이의 콘코르디아국제학교(Concordia International School Shanghai), 아랍에미리트 두바이의 두바이미국학교(American School of Dubai), 인도 첸나이의 첸나이국제학교(American International School Chennai) 등의 국제학교가 참여했다.

기존의 성적 중심 성적표를 새로운 형태의 역량 중심 성적표로 전환하는 건 그리 쉬운 일은 아닐 것이다. 하지만 명문 사립고등학교의 이런 움직임은 대학 입학 사정 방식에 변화를 가져와 결과적으로 공립고등학교도 동참할 것이라고 컨소시엄은 전망하고 있다.

점수 없는 성적표

그렇다면 도대체 역량 중심 성적표라는 것은 어떻게 생겼을까? 역량 중심 성적표에는 국어, 영어, 수학 같은 과목명이나 과목별 성적은 표기하지 않는다고 하는데 그럼 어떤 역량들이 표기될까? 기존 성적 중심 성적표처럼 프린트된 종이일까 아니면 컴퓨터와 인터넷 기술을 활용한 디지털 방식의 성적표일까? 이런 질문에 대한 답으로 컨소시엄은 역량 중심 성적표의 한 예를 제시했다.

우선 역량 중심 성적표에는 성적 중심 성적표와 마찬가지로 이름, 주소, 생년월일, 성별 등과 같은 개별 학생의 정보와 발행 학교, 학교 등록 번호, 성적표 발행일 등이 표기된다. 하지만 이런 기본 정보를 제외하고는 성적 중심 성적표와는 전혀 다른 모습을 보게 된다. 학기별 수강 과목과 학점 대신 1부터 8까지의 숫자가 적혀 있는 방사형 그래프가 나온다. 이게 바로 해당 학생의 각 역량별 현황을 보여주는 인포그래픽이다.

역량 중심 성적표에 표기되는 8대 역량은 분석적이고 창의적인

Smith, Joseph '17

Parents: Scott and Gina Smith
Student Residence Address & Phone:
1234 Cleveland Avenue
Cleveland, OH 44108
(555) 555-5555

Date of Birth: 10/11/1998
Entered:
Today's Date: 1/16/2017
Status: Current Student
Sex: Male

Hawken School
CEEB Code: 361262
12456 County Line Road, P.O. Box 8002
Gates Mills, Ohio 44040-8002
(440) 423-2916, fax (440) 423-2994

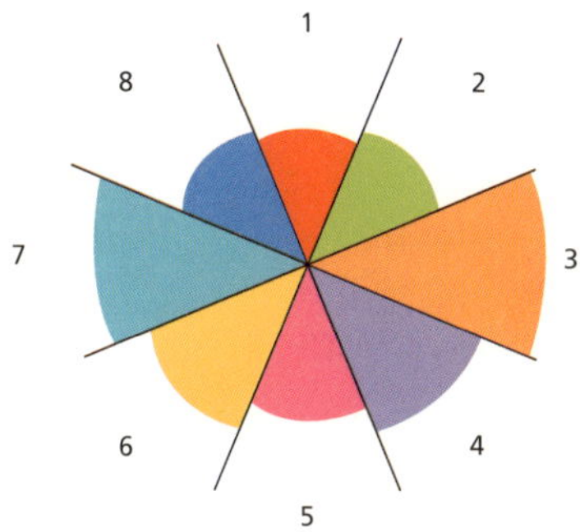

Featured Credits:

- **7b** Foster integrity, honesty, fairness and respect
- **3b** Lead through influence
- **3c** Build trust, resolve conflicts, and provide support for others
- **3g** Coordinate tasks, manage groups, delegate responsibilities
- **3h** Implement decisions and meet goals
- **8e** Persistence

Earned Credits:

1 Analytical and Creative Thinking
- b. Detect bias, and distinguish between reliable and unsound information
- e. Analyze and create ideas and knowledge

2 Complex Communication—Oral and Written
- a. Understand and express ideas in two or more languages
- c. Listen attentively
- d. Speak effectively

3 Leadership and Teamwork
- a. Initiate new ideas
- b. Lead through influence
- c. Build trust, resolve conflicts, and provide support for others
- d. Facilitate group discussions, forge consensus, and negotiate outcomes
- f. Enlist help
- g. Coordinate tasks, manage groups, and delegate responsibilities
- h. Implement decisions and meet goals
- i. Share the credit

4 Digital and Quantitative Literacy
- a. Understand, use, and apply digital technologies
- c. Use multimedia resources to communicate ideas effectively in a variety of forms
- d. Master and use higher-level mathematics
- e. Understand traditional and emerging topics in math, science, and technology, environmental sciences, robotics, fractals, cellular automata, nanotechnology, and biotechnology

5 Global Perspective
- b. Understand non-western history, politics, religion and culture
- e. Develop social and intellectual skills to navigate effectively across cultures
- h. Leverage social and cultural differences to create new ideas and achieve success

6 Adaptability, Initiative, and Risk-Taking
- a. Develop flexibility, agility, and adaptability
- b. Bring a sense of courage to unfamiliar situations
- d. Work effectively in a climate of ambiguity and changing priorities
- g. Develop entrepreneurial literacy

7 Integrity and Ethical Decision-Making
- a. Sustain an empathetic and compassionate outlook
- b. Foster integrity, honesty, fairness and respect
- c. Exhibit moral courage in confronting unjust situations
- d. Act responsibly, with the interests and well-being of the larger community in mind
- e. Develop a fundamental understanding of emerging ethical issues and dilemmas regarding new media and technologies

8 Habits of Mind
- b. Creativity
- e. Persistence

Digital transcript: hawken.edu/joseph.smith
access code: 2F371AX4LT

SIGNATURE OF SCHOOL OFFICIAL

역량 중심 성적표

역량 중심 성적표의 8대 역량

사고(Analytical and Creative Thinking), 복합적 의사소통(Complex Communication), 리더십과 팀워크(Leadership and Teamwork), 디지털/양적 리터러시(Digital and Quantitative Literacy), 세계적 시각(Global Perspective), 적응력/진취성/모험 정신(Adaptability, Initiative, and Risk-Taking), 진실성과 윤리적 의사결정(Integrity and Ethical Decision-Making), 마음의 습관/사고방식(Habits of Mind) 등이다.

방사형 그래프 바로 오른쪽에는 해당 학생을 대표하는 주요 역량 요소들이 나열되어 있다. 그런데 예시된 성적표 상의 학생인 조지프 스미스(Joseph Smith)의 방사형 그래프를 보면 어떤 생각이 먼저 들까? 아마도 조지프가 그리 우수한 학생은 아닐 것 같다는 생각일 것이다. 왜냐하면 그래프를 보는 순간 우리의 사고 구조는 중앙을 0

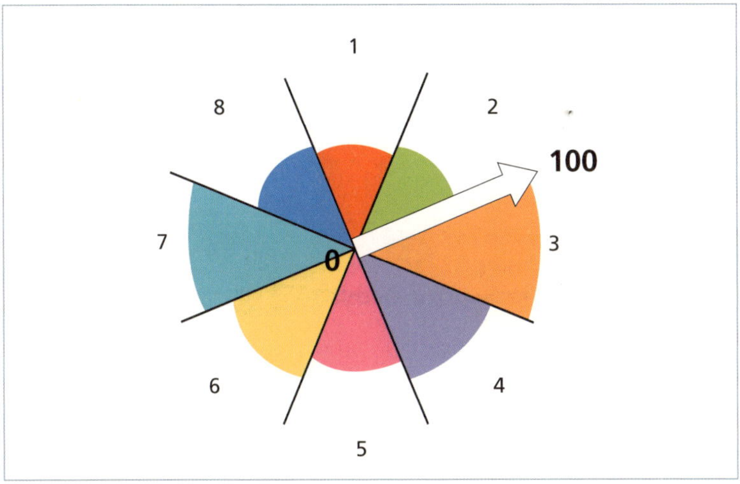

역량 중심 성적표의 방사형 그래프

으로, 바깥쪽 끝을 100으로 여기기 때문이다.

조지프의 경우 리더십과 팀워크는 95점 정도, 진실성과 윤리적 의사 결정은 85점 정도, 그리고 적응력/진취성/모험 정신이나 세계적 시각, 디지털/양적 리터러시 등은 70~80점 정도를 받은 것으로 보인다. 나머지 분석적이고 창의적인 사고나 복합적 의사소통, 마음의 습관/사고방식에 대해서는 50점이나 60점 정도를 받은 걸로 평가된다. 하지만 역량 중심 성적표는 100점 만점으로 다시 환산해서 보라고 만든 것이 아니다. 100점 만점이나 A, B, C, D, F와 같이 학생들을 등급화하는 기존의 성적 평가 방식을 지양하려는 것이 바로 역량 중심 성적표의 시작이다.

역량 중심 성적표는 조지프라는 학생의 특성을 역량으로 표현해

보여준다. 조지프는 고등학교 과정 동안 주로 리더십과 팀워크, 진실성과 윤리적 의사 결정 역량 면에서 두각을 나타낸 학생이며 적응력/진취성/모험 정신이나 세계적 시각, 디지털/양적 리터러시 등도 두루 갖춘 인재다. 물론 분석적이고 창의적인 사고나 복합적 의사소통, 마음의 습관/사고방식이 높은 수준으로 요구되는 학과나 전공 또는 회사에서는 적합한 학생이 아닐 수 있다. 하지만 리더십과 팀워크, 진실성과 윤리적 의사 결정 역량이 중요한 학과나 전공 또는 회사에서는 꼭 필요한 우수 학생으로 평가될 것이다.

만약 조지프가 분석적이고 창의적인 사고나 복합적 의사소통, 마음의 습관/사고방식이 중요한 분야로 진출하고자 한다면 이런 역량들을 강화하기 위한 수업이나 과외활동에 참여하면 된다. 그런데 역량 중심 성적표의 토대가 되는 역량 기반 학습(Competency-based learning)에서는 학생들이 자신의 관심이나 동기에 맞춰 수업 목표를 설정하고 학습을 주도적으로 진행한다. 따라서 관심도 없고 동기부여도 되지 않는 수업이나 과외활동에 억지로 참여해 모든 역량을 다 채울 필요는 없다. 역량 중심 성적표에 나오는 방사형 그래프는 학생의 특성이나 속성을 있는 그대로 보여준다고 이해하면 된다.

역량 중심 성적표 하단에서는 인정받은 역량을 구체적으로 보여준다. 조지프는 분석적이고 창의적인 사고의 12개 역량 중 두 번째인 '편견이나 선입견을 간파하고 신뢰할 수 있는 정보와 불확실한 정보를 구별하는 능력'과 다섯 번째인 '아이디어나 지식을 분석하고 창조하는 능력'을 인정받았다.

Earned Credits:

1 Analytical and Creative Thinking
- b. Detect bias, and distinguish between reliable and unsound information
- e. Analyze and create ideas and knowledge

2 Complex Communication—Oral and Written
- a. Understand and express ideas in two or more languages
- c. Listen attentively
- d. Speak effectively

3 Leadership and Teamwork
- a. Initiate new ideas
- b. Lead through influence
- c. Build trust, resolve conflicts, and provide support for others
- d. Facilitate group discussions, forge consensus, and negotiate outcomes
- f. Enlist help
- g. Coordinate tasks, manage groups, and delegate responsibilities
- h. Implement decisions and meet goals
- i. Share the credit

4 Digital and Quantitative Literacy
- a. Understand, use, and apply digital technologies
- c. Use multimedia resources to communicate ideas effectively in a variety of forms
- d. Master and use higher-level mathematics
- e. Understand traditional and emerging topics in math, science, and technology, environmental sciences, robotics, fractals, cellular automata, nanotechnology, and biotechnology

5 Global Perspective
- b. Understand non-western history, politics, religion and culture
- e. Develop social and intellectual skills to navigate effectively across cultures
- h. Leverage social and cultural differences to create new ideas and achieve success

6 Adaptability, Initiative, and Risk-Taking
- a. Develop flexibility, agility, and adaptability
- b. Bring a sense of courage to unfamiliar situations
- d. Work effectively in a climate of ambiguity and changing priorities
- g. Develop entrepreneurial literacy

7 Integrity and Ethical Decision-Making
- a. Sustain an empathetic and compassionate outlook
- b. Foster integrity, honesty, fairness and respect
- c. Exhibit moral courage in confronting unjust situations
- d. Act responsibly, with the interests and well-being of the larger community in mind
- e. Develop a fundamental understanding of emerging ethical issues and dilemmas regarding new media and technologies

8 Habits of Mind
- b. Creativity
- e. Persistence

학생이 인정받은 역량

Roosevelt Christian Academy

OFFICIAL HIGH SCHOOL TRANSCRIPT

STUDENT INFORMATION

FULL NAME: Jane B Smith
ADDRESS: 123 Main Street
Anywhere, St 56879
PHONE NUMBER: 757-555-1212
EMAIL ADDRESS: janesmith@email.com
DATE OF BIRTH: 02/17/92
PARENT/GUARDIAN: Joe and Mary Smith

SCHOOL INFORMATION

NAME: Roosevelt Christian Academy
ADDRESS: 123 Main Street
Anywhere, St 56879
PHONE NUMBER: 757-555-1212
EMAIL ADDRESS: smithacademy@email.com

ACADEMIC RECORD

SCHOOL YEAR: 2007-2008 **GRADE LEVEL:** 9th

Course Title	*Credit Earned*	*Final Grade*
English 9**	1.0	98 (A)
Algebra I	1.0	99 (A)
Biology w/lab	1.0	88 (B)
Geography	1.0	79 (C)
Latin I	1.0	93 (A)
Logic	1.0	88 (B)
Fine Arts: Piano**	0.5	99 (B)
Theology	0.5	93 (A)

Total Credits: 7.0 GPA: 3.36 Cumulative GPA: 3.36

SCHOOL YEAR: 2008-2009 **GRADE LEVEL:** 10th

Course Title	*Credit Earned*	*Final Grade*
English 10**	1.0	98 (A)
Geometry	1.0	99 (A)
Chemistry w/lab**	1.0	88 (B)
World History	1.0	79 (C)
Latin II	1.0	93 (A)
Rhetoric	1.0	88 (B)
Fine Arts: Piano II **	0.5	99 (B)
Old Testament Survey	0.5	93 (A)

Total Credits: 7.0 GPA: 3.14 Cumulative GPA: 3.25

SCHOOL YEAR: 2009-2010	**GRADE LEVEL:** 11th	
Course Title	*Credit Earned*	*Final Grade*
English 11**	1.0	98 (A)
Algebra Ⅱ	1.0	99 (A)
Physics	1.0	88 (B)
US History	1.0	79 (C)
Spanish Ⅰ**	1.0	93 (A)
Philosophy	1.0	88 (B)
Fine Arts: Piano Ⅲ**	0.5	99 (B)
New Testament Survey	0.5	93 (A)
Total Credits: 7.0 GPA: 3.57	Cumulative GPA: 3.36	

SCHOOL YEAR: 2010-2011	**GRADE LEVEL:** 12th	
Course Title	*Credit Earned*	*Final Grade*
English 12**	1.0	98 (A)
Trigonometry/Pre-Calculus	1.0	99 (A)
US Government	1.0	88 (B)
Economics*	1.0	79 (C)
Speech*	1.0	93 (A)
Spanish Ⅱ**	1.0	88 (B)
Fine Arts: Drawing	0.5	99 (B)
Apologetics	0.5	93 (A)
Total Credits: 7.0 GPA: 3.43	Cumulative GPA: 3.38	

ACADEMIC SUMMARY

Cumulative GPA: 3.38

Credits Earned: 28.0

Diploma Earned: yes

Graduation Date: 6/15/2011

GRADING SCALE

90 – 100 = A
80 – 89 = B
70 – 79 = C
60 – 69 = D
59 – below = F

NOTES

* Coursework taken at a local community college. Official transcript from college has been requested and will be sent to you shortly.

** Course taught and graded by instructor other than parent through co-op class, online class or private tutor.

I do hereby self-certify and affirm that this is the official transcript and record of Jane B. Smith in the academic studies of 2007-2011.

Signature: **Title: Principal** **Date: July 2, 2011**

미국 고등학교의 기존 성적 중심 성적표

한편 역량 중심 성적표는 기존 성적 중심 성적표와 달리 종이가 아니라 디지털 형태다. 대학 입시 과정에서 학생이 성적표 발행을 요청하면 발행 시스템이 입학 사정관에게 성적표를 열람할 수 있는 접속 링크를 이메일로 발송한다. 입학 사정관은 역량 중심 성적 플랫폼에서 역량별 세부 항목을 눌러 학생의 발표 자료, 보고서, 동영상 자료나 교사의 피드백 등도 확인할 수 있다.

창의적 사고에서 마음의 습관까지

자, 그럼 역량 중심 성적표에 들어가는 8대 역량은 어떤 것들이며 그 하위 역량들은 어떤 것들이 있는지 구체적으로 알아보자. 먼저 8대 역량에는 분석적이고 창의적인 사고, 복합적 의사소통, 리더십과 팀워크, 디지털/양적 리터러시, 세계적 시각, 적응력/진취성/모험 정신, 진실성과 윤리적 의사 결정, 마음의 습관/사고방식과 같은 역량이 포함된다.

그런데 머릿속에 질문 하나가 떠오른다. '왜 8대 역량이고 8대 역량은 어디에서 온 것일까?' 이 질문에 답을 하기 위해서는 지금으로부터 7년 전인 2011년으로 거슬러 올라가야 한다. '학생들은 아날로그에 대한 기억이 전혀 없는 디지털 원주민이 되고 테크놀로지가 교육으로 깊숙이 들어와 공존하는 시대.' 이렇게 21세기를 예측하면서도 100년 전 교육 방식을 그대로 반복하는 모순을 지켜보면서 미국의 교사나 교육 전문가들은 이를 해결하는 방법을 꾸준히 모색했다.

Hawken School
CEEB Code: 361262
12456 County Line Road, P.O. Box 8002
Gates Mills, Ohio 44040-8002
(440) 423-2916, fax (440) 423-2994

Available Credits:

1 Analytical and Creative Thinking

a. Identify, manage and address complex problems
b. Detect bias, and distinguish between reliable and unsound information
c. Control information overload
d. Formulate meaningful questions
e. Analyze and create ideas and knowledge
f. Use trial and error; devise and test solutions to problems
g. Imagine alternatives
h. Develop cross-disciplinary knowledge and perspectives
i. Engage in sustained reasoning
j. Synthesize and adapt
k. Solve new problems that don't have rule-based solutions
l. Use knowledge and creativity to solve complex "real-world" problems

4 Digital and Quantitative Literacy

a. Understand, use, and apply digital technologies
b. Create digital knowledge and media
c. Use multimedia resources to communicate ideas effectively in a variety of forms
d. Master and use higher-level mathematics
e. Understand traditional and emerging topics in math, science, and technology, environmental sciences, robotics, fractals, cellular automata, nanotechnology, and biotechnology

5 Global Perspective

a. Develop open-mindedness, particularly regarding the values, traditions of others
b. Understand non-western history, politics, religion and culture
c. Develop facility with one or more

7 Integrity and Ethical Decision-Making

a. Sustain an empathetic and compassionate outlook
b. Foster integrity, honesty, fairness and respect
c. Exhibit moral courage in confronting unjust situations
d. Act responsibly, with the interests and well-being of the larger community in mind
e. Develop a fundamental understanding of emerging ethical issues and dilemmas regarding new media and technologies
f. Make reasoned and ethical decisions in response to complex problems

8 Habits of Mind

a. Conscientiousness
b. Creativity
c. Love of Learning/Curiosity

2 Complex Communication— Oral and Written

a. Understand and express ideas in two or more languages
b. Communicate clearly to diverse audiences
c. Listen attentively
d. Speak effectively
e. Write clearly and concisely—for a variety of audiences
f. Explain information and compellingly persuade others of its implications

3 Leadership and Teamwork

a. Initiate new ideas
b. Lead through influence
c. Build trust, resolve conflicts, and provide support for others
d. Facilitate group discussions, forge consensus, and negotiate outcomes
e. Teach, coach and counsel others
f. Enlist help
g. Collaborate tasks, manage groups, and delegate responsibilities
h. Implement decisions and meet goals
i. Share the credit

international languages
d. Use technology to connect with people and events globally
e. Develop social and intellectual skills to navigate effectively across cultures
f. Use 21st century skills to understand and address global issues
g. Learn from, and work collaboratively with, individuals from diverse cultures, religions, and lifestyles in a spirit of mutual respect and open dialogue
h. Leverage social and cultural differences to create new ideas and achieve success

6 Adaptability, Initiative, and Risk-Taking

a. Develop flexibility, agility, and adaptability
b. Bring a sense of courage to unfamiliar situations
c. Explore and experiment
d. Work effectively in a climate of ambiguity and changing priorities
e. View failure as an opportunity to learn, and acknowledge that innovation involves small successes and frequent mistakes
f. Cultivate an independence of spirit to explore new roles, ideas, and strategies
g. Develop entrepreneurial literacy

d. Resilience
e. Persistence
f. Self-Efficacy
g. Stress Management
h. Time Management

____

SIGNATURE OF SCHOOL OFFICIAL

역량 중심 성적표의 8대 역량별 하위 역량

이런 논의 속에서 21세기 핵심 역량이라고 불린 4C[3]도 나오게 된다. 그런데 2011년 4월 전미사립학교협회의 인증위원회가 『미래의 학교가 되기 위한 가이드(A Guide to Becoming a School of the Future)』라는 연구 보고서를 발표했다. 초중고 교육의 목표는 대학 입시가 아니라 역량을 펼치며 더불어 살아가는 사회 구성원의 배출이라는 것이 연구의 모토였다. 이 보고서에서 4C보다 한 걸음 더 나아간 '21세기 7대 필수 역량'이 제시되었다. 그리고 여기에 마음의 습관/사고방식을 더한 것이 8대 역량이다.

역량 중심 성적표의 8대 역량과 그 하위 역량에 대해 하나하나 자세히 살펴보는 건 매우 중요하다. 왜냐하면 역량 중심 성적표가 도입되면 학생들은 더 이상 교과목에 대한 중간고사나 기말고사를 치르고 받은 성적을 토대로 평가되는 것이 아니라 8대 역량의 개별 하위 역량을 토대로 평가될 것이기 때문이다. 또한 역량 중심 성적표에서는 무엇을 어떤 기준으로 어떻게 평가하는지를 알아야만 4차 산업혁명 시대의 인재로 아이들을 키우기 위해 지금 무엇을 어떻게 준비해야 하는지 가늠할 수 있다. 물론 역량 중심 성적표가 도입된

3 4C는 의사소통 능력(Communication), 협동 능력(Collaboration), 비판적 사고 능력(Critical Thinking), 창의력(Creativity)을 통칭하는 용어다. 미국의 경우 2000년대 초반까지도 독서(Reading), 글쓰기(Writing), 연산(Arithmetic), 즉 3R이 교육의 근간을 이루었다. 하지만 3R만으로는 컴퓨터와 과학기술, 정보 통신 기술이 발달한 21세기의 인재를 양성하기 힘들다고 판단되었다. 이에 따라 전미교육협회(National Education Association)가 4C를 21세기 역량으로 정하고 교육개혁을 주도했다. 2002년에는 비영리단체인 '21세기 역량 파트너십(The Partnership for 21st Century Skills)'을 설립하고 의사소통 능력, 협동 능력, 비판적 사고 능력, 창의력을 키울 수 있는 구체적 교육 사례가 실린 안내서를 제작해 배포하기도 했다.

다고 해서 국어, 영어, 수학, 과학, 사회 등 기존 교과목이 바로 사라지는 것은 아니다. 필요한 교과는 유지될 수 있다. 하지만 그 평가 방식은 지금처럼 퀴즈나 시험을 통해 점수나 학점을 부여하는 것이 아니다. 학생들이 수업을 들으며 수행한 결과물을 토대로 8대 역량의 개별 하위 역량을 평가하게 될 것이다.

역량 중심 성적표의 도입 이후에는 학생들의 학습에 가장 도움이 되는 방향으로 수업의 융복합이 진행될 것이다. 수학과 물리를 합칠 수도 있고 생물과 미술을 합칠 수도 있다. 심지어 학생들이 원하는 수업을 스스로 설계해 학습하는 경우도 나타날 것이다.

이번 장에서는 역량 중심 성적표의 8대 역량과 각 하위 역량들을 자세히 이해하는 시간을 갖는다. 이를 통해 기존의 성적 중심 평가 방식의 시각이 아니라 역량 중심 평가 방식으로 역량 중심 성적표를 바라보는 시각의 변화가 생기길 바란다.

분석적이고 창의적인 사고

8대 역량 중 첫 번째는 분석적이고 창의적인 사고다. 먼저 분석적 사고의 사전적 정의를 보자. '주어진 문제를 보다 단순한 부분들로 구분하고 이를 통해 주어진 문제의 원인을 확인하고 해답을 찾아가는 사고 과정'을 의미한다. 다음으로 창의적 사고는 '기존의 시각이나 관점과는 달리 새로운 시각과 관점으로 사물과 현상을 바라보고 문제를 해결하는 데 기발한 방법을 제안하는 사고 과정'이다. 종합

분석적이고 창의적인 사고

- 복합 문제를 파악하고 관리하고 처리하는 능력
- 편견이나 선입견을 간파하고 신뢰할 수 있는 정보와 불확실한 정보를 구별하는 능력
- 정보의 홍수 속에서 양질의 정보를 찾아내는 능력
- 의미 있는 질문을 도출하는 능력
- 아이디어나 지식을 분석하고 창조하는 능력
- 시행착오를 겪으면서도 문제에 대한 해결책을 고안하고 테스트하는 능력
- 다양한 대체 방법을 생각해내는 능력

- 한 분야에 국한되지 않고 여러 분야에 걸치는 지식과 시각을 발전시키는 능력
- 지속적인 추론을 해나가는 능력
- 여러 가지를 한 가지로 합치거나 새로운 용도와 상황에 맞게 맞추고 조정하는 능력
- 정해진 룰이나 규칙을 통해서는 해결책을 찾을 수 없는 새로운 문제를 해결하는 능력
- 복합적인 현실 세계 문제들을 해결하기 위해 지식이나 창의력을 이용하는 능력

해보면, 분석적이고 창의적인 사고란 주어진 문제를 새로운 시각과 관점으로 분석하고 기존에 없던 새롭고 기발한 해결 방안을 제시하는 사고 과정이라고 정의할 수 있다. 분석적이고 창의적인 사고는 모두 12가지의 하위 역량들로 평가되는데 구체적인 내용은 다음과 같다.

a. Identify, manage and address complex problems

복합 문제를 파악하고 관리하고 처리하는 능력이다. 어떻게 보면

분석적이고 창의적인 사고의 첫 단추는 문제 자체를 파악하는 것이다. 복합 문제는 존재하지 않던 전혀 새로운 문제일 수도 있고 여러 분야가 융복합된 문제일 수도 있기 때문에 문제가 뭔가를 명확히 파악하는 일이 가장 중요하다. 또한 파악된 문제의 적합한 해결책을 찾아내기 위해서는 알맞은 정보를 모으고 분석하며 처리하는 능력이 요구된다.

b. Detect bias, and distinguish between reliable and unsound information

편견이나 선입견을 간파하고 신뢰할 수 있는 정보와 불확실한 정보를 구별하는 능력이다. 데이터 분석 작업을 하면서 우리가 항상 경계해야 하는 건 편견이나 선입견이 분석에 포함되는 것이다. 또한 데이터 자체에 이미 편견이나 선입견이 들어가 변형된 형태로 제공되는 경우도 있어 신뢰할 수 있는 정보와 불확실한 정보를 구별해내는 능력은 분석적 사고의 기본이 된다. 편견이나 선입견을 배제하고 신뢰할 수 있는 정보를 구별해 분석하면 창의적인 사고를 통해 도출된 방법이 문제의 해결책이 될 확률이 높아진다. 따라서 편견이나 선입견을 간파하고 신뢰할 수 있는 정보와 불확실한 정보를 구별하는 능력은 창의적인 사고를 구성하는 기본 요소다.

c. Control information overload

정보의 홍수 속에서 양질의 정보를 찾아내는 능력이다. 컴퓨터와 인터넷 기술이 발달하기 이전에는 정보가 통제의 대상이었다. 정보의 생산자는 계속해서 정보를 생산하고 정보의 소비자는 매스미디어나 서적 등과 같은 매체를 통해 전달되는 정보를 소비하기만 했다. 하지만 컴퓨터와 인터넷 기술이 발달하면서 정보의 생산자와 소비자, 전달자의 경계가 허물어졌다. 누구든지 정보의 생산자나 소비자나 전달자가 될 수 있다. 그런데 이러한 변화는 장점과 단점을 동시에 가져왔다. 과거에 정보는 통제의 대상이었지만 이제는 언제 어디서든 접근이 가능하다. 획일화되고 통제된 정보가 아닌 다양한 정보를 쉽게 얻을 수 있다. 또한 번역 기술의 발달에 힘입어 전 세계 여러 나라에서 생산된 정보도 활용할 수 있다. 하지만 동전의 양면처럼 이러한 장점의 이면에는 단점이 있다. 양질의 정보를 걸러내는 과정 없이 하루에도 수억 개씩 정보가 생산되면서 거짓 정보의 비중도 크게 늘었다. 따라서 정보의 홍수 속에서 양질의 정보를 찾아내는 능력은 분석적이고 창의적인 사고의 과정에 있어 중요한 역량이 된다.

d. Formulate meaningful questions

의미 있는 질문을 도출하는 능력이다. 질문 하면 보통 무엇인가 모를 때 묻는 것이라고 생각한다. 그래서 의미 있는 질문을 도출하는 능력은 아무거나 묻는 것이 아니라 뭔가 의미 있는 것을 묻는 능력이라고 볼 수도 있다. 하지만 질문 자체는 유의미하거나 무의미하지 않다. 질문을 받는 상대에 따라 의미 있는 질문과 의미 없는 질문으로 나뉜다. 그러므로 이 역량에서 의미 있는 질문은 궁금한 걸 묻는 질문이 아니다. 바로 복합 문제를 해결해가는 과정 중에 끊임없이 도출하는 의미 있는 질문이다. 다시 말해 '왜 이런 문제가 생겼을까?', '이 문제는 어떤 분야들이 융복합된 것일까?', '이 문제가 해결되면 어떤 결과가 나타날까?' 등 문제의 본질을 파악하고 해결책을 찾기 위한 의미 있는 질문이다.

e. Analyze and create ideas and knowledge

아이디어나 지식을 분석하고 창조하는 능력이다. 기존의 아이디어나 지식을 분석하고 새로운 지식이나 아이디어를 창조해내는 능력을 말한다. 3차 산업혁명 시대가 지식을 일방적으로 전달하는 지식 전달의 시대였다면 4차 산업혁명 시대는 지식을 양방향적으로 공유하고 이를 기반으로 새로운 지식을 재생산하는 시대다. 아이디어나 지식을 분석하고 창조하는 능력은 4차 산업혁명 시대를 선도하는 인재에게 꼭 필요한 역량이다.

f. Use trial and error; devise and test solutions to problems

시행착오를 겪으면서도 문제에 대한 해결책을 고안하고 테스트하는 능력을 말한다. 어떤 문제도 시행착오를 겪지 않고 바로 풀기는 힘들다. 시행착오는 실패가 아니라 성공으로 가는 과정이다. 문제를 해결하는 답이 나올 때까지 다양한 방법을 꾸준히 찾고 테스트하는 과정이 중요하다.

g. Imagine alternatives

다양한 대체 방법을 생각해내는 능력이다. 시행착오를 겪으면서도 문제에 대한 해결책을 고안하고 테스트하는 능력의 연장선에서 생각하면 이해가 쉬워진다. 한 번 실패한 방법을 계속 반복하는 걸로는 해당 문제에 대한 해결책을 찾아내기 힘들 것이다. 따라서 지금까지 생각하지 못했던 다양한 대체 방법으로 다양한 시도를 해볼 수 있는 역량이야말로 복합 문제의 알맞은 답을 찾는 가장 빠른 길이 될 것이다.

h. Develop cross-disciplinary knowledge and perspectives

한 분야에 국한되지 않고 여러 분야에 걸치는 지식과 시각을 발전시키는 능력이다. 4차 산업혁명 시대에 우리가 직면하게 될 문제들은 상당수가 기존에 전혀 없던 새로운 융복합 문제이기 때문에 어느 한 분야에 치우쳐서는 해결하기 어렵다. 따라서 어느 한 분야에 국한되지 않고 다양한 분야에 걸쳐 다양한 지식과 열린 시각을 발전시키는 역량이 필요하다. 최근 미국 내 고등학교나 대학에서도 수업이나 전공을 융합하는 것이 추세다. 그중 한 예가 카네기멜론 대학교의 '디자인, 예술 및 기술 통합 네트워크(Integrative Design, Arts & Technology Network)' 학부 프로그램이다. 이 프로그램은 디자인과 예술 그리고 컴퓨터 기술을 융합한 형태로 운영된다. '생산자, 개발자, 공동 혁신자(Makers, Creators, Collaborative Innovators)'라는 모토 아래 서로 다른 15개 전공 분야 교수들이 수업을 진행하고 있다.

i. Engage in sustained reasoning

지속적인 추론을 해나가는 능력이다. 의미 있는 질문을 도출하는 능력과 시행착오를 겪으면서도 문제에 대한 해결책을 고안하고 테스트하는 능력과 밀접한 관련이 있다. 의미 있는 질문의 도출은 지속적인 추론을 통해 가능하다. 시행착오를 계속하다 보면 때로는 망망대해에 홀로 떠 있는 듯한 막막함이 밀려올 수도 있다. 이때 필요한 것도 지속적인 추론을 해나가는 능력이다.

j. Synthesize and adapt

여러 가지를 한 가지로 합치거나 새로운 용도와 상황에 맞게 맞추고 조정하는 능력이다. 이 하위 역량은 세계경제포럼이 발표한 4차 산업혁명 시대의 10대 역량 가운데 인지적 유연성과 연결된다. 고정된 사고를 갖고 한 가지 방법만을 고집하는 것이 아니라 상황에 따라 여러 가지를 합치기도 하고 새롭게 적용하기도 하는 융통성을 의미한다.

k. Solve new problems that don't have rule-based solutions

정해진 룰이나 규칙을 통해서는 해결책을 찾을 수 없는 새로운 문제를 해결하는 능력이다. 이 역량은 앞서 설명한 10가지 하위 역량들을 종합하고 있다. 전혀 새로운 형태의 복합 문제는 기존의 룰이나 규칙을 통해서 답을 찾을 수 없기 때문에 기존의 사고 틀에서 벗어나 새로운 방식으로 문제에 접근하는 창의적 사고가 요구된다.

l. Use knowledge and creativity to solve complex “real-world” problems

복합적인 현실 세계 문제들을 해결하기 위해 지식이나 창의력을 이용하는 능력이다. 교과서 속의 문제에 대한 정해진 답을 찾는 것이 아니라 현실 세계에서 실제 발생하고 있는 문제들을 해결할 경우에도 자신의 지식이나 창의력을 총동원하는 집중력과 응용력이 필요하다. 교실에서의 과거형 학습에 그치는 것이 아니라 실생활의 문제에 대한 해결책을 찾아가는 현재형 학습을 진행해야 한다는 것이다. 분석적이고 창의적인 사고는 단순히 수학 문제 하나 더 맞히고 과학 문제 하나 더 푸는 것이 아니다. 전혀 새롭고 복합적인 문제가 주어지는 경우에도 시행착오를 두려워하지 않고 꾸준히 탐구하며 분석력과 창의력을 이용해 새로운 해결책을 도출해내는 능력을 말한다.

복합적 의사소통

복합적 의사소통은 6가지 하위 역량으로 나뉜다. 첫째는 두 가지 이상의 언어로 이해하고 표현할 수 있는 능력, 둘째는 다양한 청중이나 독자들과 명확하게 의사소통하는 능력, 셋째는 집중해서 경청하는 능력, 넷째는 효과적으로 조리 있게 말하는 능력, 다섯째는 독자들의 다양성을 고려해서 간결하면서도 명확하게 글을 쓰는 능력, 여섯째는 정보를 설명하고 다른 사람들이 푹 빠져들 정도로 흥미롭게 설득하는 능력이다.

복합적 의사소통

• 두 가지 이상의 언어로 이해하고 표현할 수 있는 능력	• 효과적으로 조리 있게 말하는 능력
• 다양한 청중이나 독자들과 명확하게 의사소통하는 능력	• 독자들의 다양성을 고려해서 간결하면서도 명확하게 글을 쓰는 능력
• 집중해서 경청하는 능력	• 정보를 설명하고 다른 사람들이 푹 빠져들 정도로 흥미롭게 설득하는 능력

a. Understand and express ideas in two or more languages

두 가지 이상의 언어로 이해하고 표현할 수 있는 능력이다. 이 능력은 표면적인 의미와 내면적인 의미로 나눠서 볼 수 있다. 표면적인 의미는 말 그대로 단순히 모국어만 사용하는 것이 아니라 한 가지 이상의 다른 언어를 사용해서 다양한 정보를 습득하고 이해하고 자신의 생각을 표현할 수 있는 것이다. 내면적인 의미에서 이 능력은 해당 언어를 사용하는 문화권에 대한 이해의 폭을 넓히는 데 도움이 된다. 또한 다른 언어나 문화권에 대한 개방적인 사고나 관점을 형성할 수 있도록 해준다. 상대방에 대한 이해 없이 닫힌 사고로 자신만의 주장을 하는 일방적 의사소통이 아니라 상대방에 대한 열린 마음과 이해를 바탕으로 소통을 하는 역량이다.

b. Communicate clearly to diverse audiences

다양한 청중이나 독자들과 명확하게 의사소통하는 능력이다. 복합적 의사소통은 말하기와 글쓰기를 모두 포함한 개념이다. 말하기의 경우에는 청중, 글쓰기의 경우에는 독자에 대한 깊은 이해를 통해 애매하지 않고 명확하게 의사소통하는 것이 중요하다.

c. Listen attentively

집중해서 경청하는 능력이다. 미국 노동부 직업정보네트워크(The Occupational Information Network: O*NET)에서 정리한 주요 인재 역량에 따르면, 경청 능력은 상대방의 이야기를 집중해 듣는 것만을 의미하지 않는다. 이야기를 듣는 동안 요점들을 잘 이해하기 위한 시간을 갖고 이야기를 방해하지 않는 선에서 적합한 질문을 하는 등 능동적이고 양방향적으로 상호작용을 하면서 듣는 것을 포함한다. 글을 읽는 경우에도 무작정 책 한 권을 끝내기 위해 읽어 내려가는 것이 아니라 읽고 멈추고 되짚어보고 이해하는 과정을 거치는 능동적인 독서 역량이 필요하다.

d. Speak effectively

효과적으로 조리 있게 말하는 능력이다. 기업이든 학교든 어떤 내용을 발표하는 자리에 가보면 긴 시간에 걸쳐 말했지만 무엇을 말하고자 하는지 불분명한 발표가 있다. 반면 비록 짧은 시간이었지만 핵심 내용이 효과적으로 전달되는 발표도 있다. 효과적으로 조리 있게 말하고 쓰는 능력이 있고 없고의 차이다.

e. Write clearly and concisely – for a variety of audiences

독자들의 다양성을 고려해서 간결하면서도 명확하게 글을 쓰는 능력이다. 한 권의 책을 다 읽어도 무엇을 전하고자 하는지 이해가 안 되는 경우도 있지만 단 한 장에 적힌 내용만으로도 많은 정보와 해석을 전해 핵심 내용이 바로 이해되는 경우도 있다. 4차 산업혁명 시대는 정보의 무한 경쟁 시대이기도 하다. 매일 셀 수도 없이 많은 정보들이 생산되지만 소비자와 생산자, 전달자의 자율적 정화 작용을 통해 많은 정보들이 사라져간다. 이렇게 정보의 생태계가 조성되기 때문에 간결하고 명확하게 말하고 쓰는 능력은 정보의 생산자와 전달자로서의 기능을 제대로 하기 위해 꼭 필요한 역량이 된다.

f. Explain information and compellingly persuade others of its implications

정보를 설명하고 다른 사람들이 푹 빠져들 정도로 흥미롭게 설득하는 능력이다. 효과적으로 조리 있게 말하는 능력과 독자들의 다양성을 고려해서 간결하면서도 명확하게 글을 쓰는 능력이 내용 전달의 효율성에 대한 것이라면 이 하위 역량은 내용 전달의 효과성에 주목한다. 아무리 조리 있게 말하고 간결하고 명확하게 글을 쓰더라도 듣는 이와 읽는 이의 관심을 끌지 못하면 내용 전달의 효과는 떨어지게 마련이다. 상대방을 분석해 관심을 갖고 듣거나 읽을 수 있도록 설득하는 것이 중요하다.

이렇듯 역량 중심 성적표에서 말하는 복합적 의사소통은 단순히 내 의견을 말하고 상대방의 의견을 듣는 일방향적 의사소통을 벗어난다. 상대방의 특성을 파악하고 그에 맞춰서 흥미를 끌 만한 다양한 방법으로 명확히 표현을 한다. 또한 상대방의 얘기도 주의 깊게 경청하고 그 얘기가 나온 상황까지 고려한다. 한마디로 쌍방향적이고 복합적인 의사소통이다.

리더십과 팀워크

리더십의 사전적 정의는 '집단의 목표 달성을 위해 집단 내 구성원들의 행동에 적극적인 영향력을 미치는 과정'이다. 지도자로서의 능력이나 자질, 지도력, 통솔력이라고 말할 수도 있다. 팀워크는 '2명 이상의 사람이 공동의 목표를 공유하고 이를 달성하기 위해 각 역할에 따라 책임을 다하고 함께 힘을 합해 협력적으로 활동하는 것'이다. 역량 중심 성적표에서는 총 9가지 하위 역량으로 리더십과 팀워크를 평가한다.

a. Initiate new ideas

새로운 아이디어를 처음으로 생각해내고 제시하는 능력이다. 일반적으로 리더십이 발휘되는 좋은 계기는 조직이나 공동체가 해결해야 할 공동의 문제가 발생했을 때다. 이 문제를 해결하기 위해 오랫동안 고민하고 구성원들과 소통하며 새로운 아이디어를 처음으

리더십과 팀워크

- 새로운 아이디어를 처음으로 생각해내고 제시하는 능력
- 지시나 명령, 권위 등을 이용해 사람들을 이끄는 것이 아니라 사람들에게 영향을 미쳐 스스로 따라오게 하는 능력
- 신뢰를 쌓고 갈등을 해소하며 다른 사람들을 위해 힘을 보태는 능력
- 그룹 토론이나 토의를 촉진하고 의견 일치를 이끌어내며 결과에 대해 협상하는 능력
- 가르치고 지도하고 상담하는 능력

- 남의 협력을 얻거나 도움을 구하는 능력
- 업무를 위해 협력하고 그룹을 관리하며 책임을 위임하는 능력
- 결정을 실행하고 목표를 이루는 능력
- 성과를 거두었을 때 공로를 함께 나누는 능력

로 생각해내고 그것을 구성원들에게 제시하면서 조직이나 공동체를 이끌어나가게 되기 때문이다. 즉 리더십은 조직이나 공동체의 나아갈 방향을 제시하고 구성원들의 팀워크를 유도하며 최종적으로 당면한 문제를 해결하는 역량을 통해 평가될 수 있다.

b. Lead through influence

지시나 명령, 권위 등을 이용해 사람들을 이끄는 것이 아니라 사람들에게 영향을 미쳐 스스로 따라오게 하는 능력이다. 사람들을 이끄는 방법에는 여러 가지가 있다. 권력이나 권위를 이용할 수도

있고 돈으로 보상할 수도 있다. 하지만 권력이나 권위가 사라지거나 돈이 없어지면 사람들이 등을 돌리므로 이런 방법은 일시적이고 유한하다. 다른 사람들의 마음을 움직이고 영향을 미쳐서 그들 스스로 따라오게 하는 방법은 비록 돈이나 권력을 이용하는 방법에 비해 쉽지 않은 일이지만 가장 이상적이라고 할 수 있다. 따라서 역량 중심 성적표에서는 사람들의 마음을 움직이고 그들에게 영향을 미쳐 스스로 따라오게 하는 역량으로 리더십을 평가한다.

c. Build trust, resolve conflicts, and provide support for others

신뢰를 쌓고 갈등을 해소하며 다른 사람들을 위해 힘을 보태는 능력이다. 리더십뿐만 아니라 팀워크에도 공통적으로 적용되는 역량이다. 리더든 팀 구성원이든 다른 구성원들에게 신뢰를 받고 팀 내에서 발생한 갈등을 해소하는 것은 매우 중요하다. 또한 팀 구성원이 도움이 필요하거나 지원이 필요할 때 전적으로 도와주고 지원해주는 것 역시 팀이 잘 운영되는 데 밑거름이 된다. 여기서 주목할 만한 건 리더십과 팀워크에 있어 가장 중요한 역량은 나 혼자만 생각하는 이기주의가 아니라 상대방이나 팀을 먼저 생각하고 공동체 의식이나 사회적 의식을 함양하는 것과 연계되어 있다는 것이다. 좋은 리더는 독불장군처럼 앞으로 혼자 달려가지 않는다. 팀 구성원과 나란히 함께 걸으며 그들을 이해하고 신뢰를 쌓고 안에서 일어나는 일들을 돌아보며 갈등을 해소해나간다.

d. Facilitate group discussions, forge consensus, and negotiate outcomes

그룹 토론이나 토의를 촉진하고 의견 일치를 이끌어내며 결과에 대해 협상하는 능력이다. 이 또한 리더십과 팀워크 모두에 적용된다. 팀 내에서 활발한 토론이나 토의가 진행되도록 유도해 다양한 아이디어를 자유롭게 표출하는 분위기를 만들어낼 수 있어야 한다. 또한 자유 토론을 활발히 진행하는 것에 그치지 않고 의견 일치를 이끌어내며 결과에 대해 협상해야 한다. 미국 노동부 직업정보네트워크에 따르면 협상 능력은 생각이나 이익에서 차이를 보이는 당사자들을 한자리에 모아 그 차이를 줄이기 위해 노력하는 능력이다. 그러므로 역량 중심 성적표에서 말하는 협상 능력이란 협상에서 이기는 능력뿐만 아니라 생각이나 이익에서 차이를 보이는 상대방과의 협상을 통해 차이를 줄여가는 능력도 의미한다.

e. Teach, coach and counsel others

가르치고 지도하고 상담하는 능력이다. 자신의 역량만 강화하는 데 집중하지 않고 구성원의 역량 강화를 위해서 노력하는 것도 좋은 리더나 구성원의 역할이다.

f. Enlist help

남의 협력을 얻거나 도움을 구하는 능력을 말한다. 4차 산업혁명 시대에서 대부분의 문제들은 여러 분야에 걸친 융복합 문제들이다. 혼자서 모든 문제를 해결할 수 없기 때문에 다른 분야 전문가들의 협력을 요청하고 필요한 경우에는 도움을 얻기도 하는 능력이 중요하다.

g. Collaborate tasks, manage groups, and delegate responsibilities

업무를 위해 협력하고 그룹을 관리하며 책임을 위임하는 능력으로 인적자원 활용 능력과 협업 능력을 의미한다. 혼자 일을 처리하며 상명하복식으로 위계적인 팀 문화를 만드는 것은 좋은 리더십이나 팀워크가 아니다. 팀원마다 전문성을 강화할 수 있게 지원하고 주어진 일만 하는 것보다는 책임감을 갖고 주도적으로 일할 수 있는 분위기를 형성하는 것이 필요하다.

h. Implement decisions and meet goals

결정을 실행하고 목표를 이루는 능력이다. 활발한 토론과 다양한 아이디어로 문제 해결 방안을 찾아냈다면 그걸 실행하고 목표를 이룰 수 있는 강한 추진력이 요구된다. 결정을 내리기 전에는 신중을 기해야 한다. 하지만 일단 결정을 내리고 나면 바로 진행하는 역량이 중요하다.

i. Share the credit

성과를 거두었을 때 공로를 함께 나누는 능력이다. 팀 구성원들은 공동의 목표를 이루기 위해 한마음 한뜻으로 시간과 노력을 쏟아붓는다. 함께 수고한 팀 구성원들이 성과에 대한 공로를 다 같이 나누는 것은 지속적으로 팀을 유지하고 이끌어가는 데 중요한 요소다.

리더십과 팀워크를 평가하는 방식에서 주의 깊게 볼 점은 리더십과 팀워크를 따로 구분하지 않고 하나의 역량으로 묶었다는 것이다. 리더 역시 팀 구성원 중 한 명이기 때문에 공감하고 이해하며 협력하고 협업하는 것이 리더의 기본 역량이다. 리더로서의 역량이 따로 있고 팀원으로서의 역량이 따로 있는 것이 아니다. 팀 구성원으로서 팀워크를 잘 이뤄내는 사람이 결국 리더로서의 역량을 갖춘 것으로 평가된다.

디지털/양적 리터러시

디지털 리터러시와 양적 리터러시에 대해 이야기하기 전에 우선 리터러시의 의미부터 알아보자. 리터러시의 사전적 정의는 '문자화된 기록물을 통해 지식과 정보를 획득하고 이해할 수 있는 읽고 쓰는 능력'이다. 과거 문자화된 기록물을 통해서 지식의 전달이 주로 이뤄지던 시대에는 문자를 읽고 쓸 수 있는 문해력이 중요한 역량이었다. 하지만 디지털 시대가 도래하면서 디지털화된 정보를 읽고 쓸 수 있는 역량이 크게 부각되었다. 사전적 정의를 보면 디지털 리터러시는 '정보를 검색하고 평가하고 창출하고 전달하기 위해 정보통신 기술(Information and Communication Technologies: ICT)을 활용하는 능력'이다.

디지털/양적 리터러시

• 디지털 테크놀로지를 이해하고 이용하고 적용하는 능력	• 고등수학을 숙달하고 이용하는 능력
• 디지털 지식과 미디어를 창조하는 능력	• 수학, 과학, 테크놀로지, 환경과학, 로보틱스, 기하학, 셀룰러 오토마타, 나노 테크놀로지, 바이오 테크놀로지 등 전통적이거나 최근 새롭게 부각된 분야에 대해 이해하는 능력
• 다양한 형식으로 자신의 아이디어를 효과적으로 전달하기 위해 멀티미디어 자원을 활용하는 능력	

한편 양적 리터러시는 미국이나 캐나다 등 북미주 지역에서 많이 활용되고 있는 개념으로 넓게 보면 수리적인 능력을 의미한다. 미국립교육통계센터에 따르면 양적 리터러시는 인쇄된 교재에 있는 숫자들을 이용해서 단일적인 연산 또는 연속적인 연산을 수행하는 수리적 지식이나 산술 능력이다. 캐나다 통계청에서는 일상생활과 일자리에서 발생하는 수리적 상황에 효과적으로 대응하기 위해 필요한 기술, 지식, 신념, 기질, 사고방식, 의사소통, 역량, 문제 해결 능력의 집합체로 정의하고 있다. 역량 중심 성적표에서 디지털/양적 리터러시는 총 5가지의 하위 역량으로 평가한다.

a. Understand, use, and apply digital technologies

디지털 테크놀로지를 이해하고 이용하고 적용하는 능력이다. 정보 통신 기술로 구현되는 디지털 테크놀로지를 잘 이해하고 필요한 곳에 제대로 이용할 줄 알고 적합한 상황에 적용해서 활용하는 능력을 평가한다.

b. Create digital knowledge and media

디지털 지식과 미디어를 창조하는 능력으로 정보 통신 기술을 기반으로 디지털 지식이나 디지털 미디어를 생산해내는 역량을 의미한다. 여기서 디지털 미디어란 정보를 전송하는 코드를 바탕으로 작동하는 매체를 말한다. 그러므로 디지털 지식과 미디어를 창조하는 능력은 디지털화된 지식을 창출하고 전달하기 위한 디지털 매체를 개발하는 것이다.

c. Use multimedia resources to communicate ideas effectively in a variety of forms

다양한 형식으로 자신의 아이디어를 효과적으로 전달하기 위해 멀티미디어 자원을 활용하는 능력이다. 이는 디지털 지식과 미디어를 창조하는 능력과도 연결된다. 디지털 지식과 미디어를 창조하는 역량이 디지털 환경 내에서 지식이나 정보를 새롭게 만들어내는 능력이라면 이 역량은 이렇게 만들어진 지식이나 정보를 효과적으로 전달하기 위해 멀티미디어를 잘 활용하는 능력을 말한다. 디지털 지식을 생산하고 멀티미디어를 활용해서 효과적으로 전달하는 역량들은 4차 산업혁명 시대에 더욱 부각될 것이다. 지식의 공유는 인공지능을 장착한 로봇 교사나 온라인 무료 수업인 무크(Massive Open Online Courses: MOOC)를 통해서 주로 진행될 것이기 때문이다.

d. Master and use higher-level mathematics

고등수학을 숙달하고 이용하는 능력이다. 컴퓨터나 정보 통신 기술, 로봇이나 인공지능 등은 기본적으로 수리나 코딩을 기반으로 하기 때문에 고등수학을 숙달하고 이용하는 능력과 같은 양적 리터러시를 요구하는 분야가 많아질 것으로 전망된다.

e. Understand traditional and emerging topics in math, science, and technology, environmental sciences, robotics, fractals, cellular automata, nanotechnology, and biotechnology

수학, 과학, 테크놀로지, 환경과학, 로보틱스, 기하학, 셀룰러 오토마타, 나노 테크놀로지, 바이오 테크놀로지 등 전통적이거나 최근 새롭게 부각된 분야에 대해 이해하는 능력이다. 그런데 너무 다양한 주제들이 하나의 하위 항목에서 평가되고 있다. 역량 중심 성적표의 평가 및 운영 시스템을 구체적으로 개발하면서 세분화하는 것이 필요해 보인다.

세계적 시각

세계적 시각은 자신이 속한 나라나 문화권 외의 다른 나라나 문

세계적 시각

- 다른 사람의 전통이나 가치에 대해 열린 사고를 발달시키는 능력
- 다른 지역의 역사, 정치, 종교, 문화에 대해 이해하는 능력
- 전 세계적으로 통용되는 국제어 중 한 가지 이상 쓸 수 있는 능력
- 지구촌 곳곳의 사람들이나 일들을 연결하기 위한 테크놀로지 활용 능력
- 다양한 문화를 넘나들며 정보를 효과적으로 탐색하는 사회적, 지적 능력
- 글로벌 이슈들을 제대로 이해하고 다루기 위해 의사소통 능력, 협동 능력, 비판적 사고 능력, 창의력 등과 같은 21세기 핵심 역량을 활용하는 능력
- 상호 존중과 열린 대화를 통해 다양한 문화나 종교, 라이프 스타일을 가진 사람들로부터 배움을 얻고 함께 협업하는 능력
- 다양한 아이디어를 창출하고 일을 성취하기 위해 사회적, 문화적 차이를 이용하는 능력

화권에 대한 이해를 갖고 상호 존중하며 국제사회의 구성원으로서 역할을 수행해나가는 역량을 말한다. 다른 나라의 문화와 정보를 접하는 것은 물리적인 이동을 통해서만 가능한 것이 아니다. 인터넷과 컴퓨터 기술의 발달로 인해 컴퓨터나 스마트폰, 태블릿 PC 등을 이용해서도 전 세계 사람들과 교류하고 문화와 정보를 공유할 수 있다. 4차 산업혁명 시대에 우리가 접하는 문제들은 정답이 없는 복합 문제들이기 때문에 전 세계에 흩어져 있는 다양한 정보를 찾고 다양한 사람들과 협업하는 능력이 요구된다. 따라서 세계적 시각의 중요성은 앞으로 더욱 부각될 것이다. 역량 중심 성적표에서는 총 8가지 하위 역량으로 세계적 시각을 평가한다.

a. Develop open-mindedness, particularly regarding the values, traditions of others

다른 사람의 전통이나 가치에 대해 열린 사고를 발달시키는 능력이다. 나만 옳고 다른 사람은 틀리다는 이분법적 사고에서 벗어나 다른 사람들의 다양한 아이디어들을 틀린 것이 아니라 다른 것으로 존중하고 받아들이는 열린 사고를 키워야 한다.

b. Understand non-western history, politics, religion and culture

다른 지역의 역사, 정치, 종교, 문화에 대해 이해하는 능력이다. 겉핥기식의 표면적인 세계적 시각이 아닌 본질적인 세계적 시각을 갖기 위해서는 다른 지역의 역사나 정치, 종교나 문화 등에 대한 이해가 수반되어야 한다.

c. Develop facility with one or more international languages

전 세계적으로 통용되는 국제어 중 한 가지 이상 쓸 수 있는 능력이다. 물론 최근 개발 중인 자동번역(Machine translation) 시스템[4]은 머신 러닝(Machine learning) 기술[5]과 다중 인공 신경망 기계번역 시스템

---

4 기계번역이라고도 부르는 자동번역은 컴퓨터를 이용해 한 언어를 다른 언어로 번역해준다. 구글은 수십 개나 되는 언어를 서로 번역해주는 서비스를 제공하고 있다. 우리나라에서도 한일, 일한 번역기를 중심으로 자동번역 서비스가 널리 쓰이고 있다.

5 인공지능 연구 분야 중 하나로, 인간의 학습 능력과 같은 기능을 갖춘 컴퓨터가 스스로 방대한 데이터를 분석해 미래를 예측하는 기술이다. 머신 러닝 또는 기계 학습은 패턴인식과 컴퓨터 학습이론의 연구로부터 진화한 분야다.

(Multilingual Neural Machine Translation system)[6], 제로 샷 번역(Zero-Shot Translation) 방식[7] 등을 적용하고 있다. 따라서 언어의 장벽 없이 전 세계 어떤 정보도 검색할 수 있고 다른 나라 사람들과 대화를 나눌 수 있을 것으로 보인다. 하지만 역량 중심 성적표에서는 모국어 외에 전 세계적으로 통용되는 국제어 하나 정도를 구사할 수 있는 능력이 세계적 시각을 강화한다고 보고 있다.

d. Use technology to connect with people and events globally

지구촌 곳곳의 사람들이나 일들을 연결하기 위한 테크놀로지 활용 능력이다. 세계를 직접 돌아다니며 사람들을 만나고 일들을 연결하는 것은 현실적으로 쉽지 않다. 하지만 소셜 네트워크나 블로그, 구글 드라이브(Google Drive)나 마이크로소프트 원드라이브(Microsoft OneDrive)와 같은 온라인 협업 공간을 활용해 여러 나라 사람들을 한 곳에 모아 교류하고 함께 일을 진행하는 것은 어렵지 않다. 따라서

6 기계번역 방식의 한 종류로, 인공지능이 데이터 학습을 통해 문장 단위로 언어를 번역하는 기술이다. 기존 기계번역에 주로 사용된 통계 기반 기계번역(Statistical Machine Translation: SMT)보다 발전된 형태다. 사용자가 번역 엔진에 문장을 입력하면 맥락을 파악한 후 이를 단어, 구문, 어순 등의 정보가 담겨 있는 벡터(좌푯값)로 전환하여 번역을 한다. 통계 기반 기계번역과 달리 문맥을 파악할 수 있어 보다 자연스럽고 정확한 번역이 가능하다. 개발자가 신경망 구조를 결정해주면 머신 러닝, 딥 러닝 등을 통해 인공지능이 스스로 학습하여 번역을 수행하므로 입력한 데이터가 많을수록 정교한 번역이 이뤄진다.

7 한글을 일본어로 번역하는 경우에 한글을 영어로 번역한 기록과 영어를 일본어로 번역한 기록이 있다면 한영, 영일 과정을 생략하고 바로 한일 번역을 하는 기술을 말한다. 이전에는 일단 영어로 번역하여 대상 언어로 다시 번역하는 식의 중역을 했다. 일대일로 바로 번역하는 제로 샷 번역은 원문의 의미가 왜곡되거나 상실될 위험이 훨씬 줄었다.

다양한 테크놀로지로 다양한 나라의 사람들과 함께 교류하고 함께 협업하는 능력을 통해 세계적 시각을 평가할 수 있다.

e. Develop social and intellectual skills to navigate effectively across cultures

다양한 문화를 넘나들며 정보를 효과적으로 탐색하는 사회적, 지적 능력이다. 지금 이 순간에도 인터넷과 컴퓨터 기술이 만들어낸 정보의 바다에는 엄청난 양의 정보가 생산 및 재생산을 반복하며 쌓이고 있다. 이런 정보의 바다에서 양질의 정보를 찾아내고 거짓 정보를 걸러내기 위해 2차, 3차 정보가 아닌 1차 원천 정보를 찾아 활용하는 사회적, 지적 능력은 매우 중요하다.

f. Use 21st century skills to understand and address global issues

글로벌 이슈들을 제대로 이해하고 다루기 위해 의사소통 능력, 협동 능력, 비판적 사고 능력, 창의력 등과 같은 21세기 핵심 역량을 활용하는 능력이다. 사실 21세기 핵심 역량은 역량 중심 성적표에 포함된 8대 역량의 근간을 이루기 때문에 글로벌 이슈들을 제대로 이해하고 다루기 위해서만 요구되는 역량으로 보는 것은 무리가 있다. 하지만 점점 더 복잡해지는 국제사회의 글로벌 이슈들을 제대로 이해하고 다루기 위해서는 21세기 핵심 역량이 복합적으로 활용되어야 한다. 역량 중심 성적표에서는 이런 면을 강조한 것으로 보인다.

g. Learn from, and work collaboratively with, individuals from diverse cultures, religions, and lifestyles in a spirit of mutual respect and open dialogue

상호 존중과 열린 대화를 통해 다양한 문화나 종교, 라이프 스타일을 가진 사람들로부터 배움을 얻고 함께 협업하는 능력이다. 4차 산업혁명 시대에는 지식의 생산자, 전달자, 소비자의 경계가 허물어져 누구라도 지식을 생산하고 전달하고 소비할 수 있다. 또한 선생님에게 일방적으로 정해진 지식을 배우는 것보다는 언제 어디서나 함께 배우고 공유하는 사회적 학습이 중요해진다. 따라서 문화나 종교, 생활 방식의 차이를 존중하고 전 세계 누구와도 열린 대화를 통해 배움을 주고받고 함께 협업하는 능력이 필요하다.

h. Leverage social and cultural differences to create new ideas and achieve success

다양한 아이디어를 창출하고 일을 성취하기 위해 사회적, 문화적 차이를 이용하는 능력이다. 어떻게 보면 이 역량은 4차 산업혁명 시대를 살아가야 하는 우리에게 세계적 시각이 필요한 이유이기도 하다. 우물 안 개구리처럼 어느 한 분야나 한 나라나 한 문화에 갇혀서는 복합 문제를 해결할 수 없다. 이를 해결하기 위해서는 사회적, 문화적 차이를 잘 활용하는 능력이 요구된다. 그런데 사회적, 문화적 차이를 활용하려면 서로 다른 사회나 문화에 대한 깊이 있는 이해가 전제되어야 한다. 따라서 이 역량은 앞에 나열한 7개 하위 역량과도 밀접한 관계가 있다.

적응력/진취성/모험 정신

먼저 사전적 정의를 보면 적응력은 '일정한 조건이나 환경 따위에 맞추어 응하거나 알맞게 되는 능력'을 말한다. 진취성은 '적극적으로 나아가서 일을 성취하는 기질'이다. 모험 정신은 '위험을 두려워하지 않고 앞으로 나아가는 정신'으로 정의된다. 얼핏 보면 관련이 없는 이 세 가지는 전혀 예상하지 못한 새로운 상황이나 환경을 접하게 되는 경우 그것을 극복하기 위해 필요한 요소로 묶을 수 있다. 새로운 상황이나 환경에 대한 적응력을 기반으로 위험을 두려워하지 않고 진취적으로 문제를 해결해나가는 모험 정신이 발휘될 때 우리는 문제 해결에 한 걸음 더 다가서게 되는 것이다. 역량 중심 성적표에서는 적응력/진취성/모험 정신을 총 7가지의 하위 역량으로 평가하고 있다.

a. Develop flexibility, agility, and adaptability

유연성, 민첩성, 적응력을 키우는 능력이다. 유연성은 상황이나 상태 변화에 쉽고 부드럽게 잘 맞추는 성질이고, 민첩성은 시각적으로 속도를 감지하고 몸의 움직임을 맞춰가는 재빠르고 날쌘 성질이다. 적응력은 일정한 조건이나 환경 따위에 맞추어 응하거나 알맞게 되는 능력을 말한다. 예상과 다른 상황이 발생했을 때 유연하

적응력/진취성/모험 정신

• 유연성, 민첩성, 적응력을 키우는 능력	• 실패를 교훈으로 여길 수 있고, 혁신은 잦은 실패와 작은 성공으로 이뤄진다는 것을 받아들일 수 있는 능력
• 익숙하지 않은 상황에 도전하는 능력	• 새로운 역할이나 아이디어, 전략을 모색하는 자주적 독립심을 개발하는 능력
• 탐구하고 실험하는 능력	• 창업을 하고 기업을 운영하는 데 필요한 지식과 역량을 개발하는 능력
• 애매모호한 상황이나 우선순위가 변경되는 상황에서도 효과적으로 일하는 능력	

고 민첩하게 반응하며 잘 적응하는 능력은 하루가 다르게 빨리 변화하는 4차 산업혁명 시대에 꼭 필요한 기본 역량이다.

b. Bring a sense of courage to unfamiliar situations

익숙하지 않은 상황에 도전하는 능력이다. 4차 산업혁명 시대에는 새로운 기술들이 하루가 멀다 하고 출현하기 때문에 익숙하지 않은 상황이 자주 발생한다. 그런데 이 새로운 상황에 도전하는 능력이 없다면 분명 익숙한 답이나 기존의 틀에 갇혀 당면한 문제를 해결하지 못할 것이다. 익숙하지 않은 새로운 상황에 대한 도전 정신 역시 유연성, 민첩성, 적응력과 함께 4차 산업혁명 시대의 인재들에게 기본적인 역량이 된다.

c. Explore and experiment

탐구하고 실험하는 능력이다. 4차 산업혁명 시대에는 사물 인터넷(Internet of Things: IoT)과 인공지능, 머신 러닝, 가상현실(VR)과 증강현실(AR), 3D 프린팅, 생명공학과 바이오 등의 기술들이 발달되어 우리의 삶 속에 깊숙이 들어온다. 또한 여러 기술을 융복합하기도 하고 전혀 새로운 기술을 만들어내기도 한다. 그런데 이런 눈부신 발전은 탐구와 실험을 기반으로 성취할 수 있다. 어떤 기술 개발도 탐구와 실험 과정을 거치지 않고서는 이뤄질 수 없기 때문이다.

d. Work effectively in a climate of ambiguity and changing priorities

애매모호한 상황이나 우선순위가 변경되는 상황에서도 효과적으로 일하는 능력으로 적응력을 중점적으로 평가하기 위한 기준이다. 일을 진행하다 보면 항상 변수가 생기게 마련이다. 중시하던 부분의 중요도가 떨어지고 새로운 부분이 중요하게 되는 경우도 많다. 변화하는 상황에서도 효과적으로 업무를 수행하고 좋은 결과를 이루는 능력은 적응력을 측정하는 데 적합한 요소다.

e. View failure as an opportunity to learn, and acknowledge that innovation involves small successes and frequent mistakes

실패를 교훈으로 여길 수 있고, 혁신은 잦은 실패와 작은 성공으로 이뤄진다는 것을 받아들일 수 있는 능력이다. 이 하위 역량은 모험 정신과 관련이 있다. 익숙한 것에 안주하지 않고 꾸준히 새로운 것을 탐구하고 실험하는 것, 실패를 두려워하지 않고 오히려 실패를 통해 교훈을 얻는 것이 모험 정신의 기본이다.

f. Cultivate an independence of spirit to explore new roles, ideas, and strategies

새로운 역할이나 아이디어, 전략을 모색하는 자주적 독립심을 개발하는 능력이다. 학생들이 주어진 일이나 시키는 일만 하는 것이 아니라 자신이 중심이 되어 독립적으로 일을 수행해나가는 역량을 말한다. 적응력, 진취성, 모험 정신의 주체가 바로 자기 자신이어야 한다는 것이다. 일을 하다 보면 새로운 역할을 맡게 되거나 새로운 아이디어와 전략이 적용되는 경우가 발생하기도 한다. 그런 경우 억지로 하는 것이 아니라 능동적이고 독립적인 자세로 적응하고 진취적으로 목표를 달성해나가는 역량이 중요하다.

g. Develop entrepreneurial literacy

창업을 하고 기업을 운영하는 데 필요한 지식과 역량을 개발하는 능력이다. 영어 원문에서는 entrepreneurial literacy라는 표현을 썼다. 원래 리터러시(literacy)라고 하면 문자 해독 능력이나 읽고 쓰는 능력으로 해석되는데 최근에는 리터러시 앞에 단어를 추가해 좀 더 광의의 개념으로 리터러시를 활용하고 있다. 예를 들어 미디어 리터러시는 미디어와 관련해 읽고 쓸 줄 아는 능력이다. 따라서 기업가적 리터러시(entrepreneurial literacy)는 창업이나 재무, 회계, 시장분석 관련 리포트 등을 읽고 쓸 줄 아는 능력으로 이해하면 된다. 4차 산업혁명 시대에는 현재 우리가 알고 있는 일자리의 상당수가 사라지고 전혀 새로운 형태의 일자리가 생겨날 것이다. 또한 기존의 기업 중심적인 소품종 대량생산 방식이 소비자 중심의 다품종 소량생산 방식으로 전환될 것이다. 따라서 창업을 하고 기업을 운영하는 데 필요한 지식과 역량을 개발하는 능력은 그 어느 때보다 절실히 요구된다. 또한 갈수록 시장 진입 장벽이 낮아져 기발한 아이디어 하나만으로도 혼자 창업하고 전 세계를 상대로 서비스를 제공할 수 있는 1인 창업이 더욱 활성화될 것으로 보인다. 기업가적 리터러시의 중요성이 부각될 수밖에 없는 상황이다.

진실성과 윤리적 의사 결정

역량 중심 성적표에 진실성과 윤리적 의사 결정이 8대 역량 중 하나로 포함되었다는 건 눈여겨볼 만한 점이다. 왜냐하면 진실성과 윤리적 의사 결정은 사회 구성원의 가장 기본적이고 중요한 역량임에도 불구하고 목표나 성과 지상주의로 인해 간과되기 쉽기 때문이다. 진실성은 개인의 생각과 말, 행동이 일치하는 걸 말한다. 따라서 진실성의 바탕에는 정직과 윤리 그리고 도덕이 놓여 있다. 윤리적 의사 결정은 윤리적 원칙에 일치하는 방법으로 다양한 대안들을 평가하고 선택하는 과정을 의미한다. 윤리적 의사 결정은 일반적으로 공개성의 원칙, 공정성의 원칙, 불가피성의 원칙, 보편성의 원칙

진실성과 윤리적 의사 결정

• 공감하고 이해하는 관점을 지속하는 능력	• 보다 큰 공동체의 이익과 행복을 위해 책임감 있게 행동하는 능력
• 진실성, 정직성, 공정성, 존경심을 함양하는 능력	• 뉴미디어나 뉴테크놀로지에 대한 윤리적 이슈나 딜레마에 대해 본질적으로 이해하는 능력
• 부당한 상황에 마주쳤을 때 도덕적 용기를 표출하는 능력	• 복합 문제에 대해 합리적이고 윤리적인 결정을 내리는 능력

등 4가지 원칙을 따른다. 공개성의 원칙은 의사 결정의 기준이 투명하게 공개되어 누구라도 알 수 있어야 한다는 것이다. 공정성의 원칙은 의사 결정의 과정이 특정 개인이나 집단에게 피해를 주거나 특혜를 주는 방향으로 치우치면 안 된다는 것이다. 불가피성의 원칙은 다른 누가 결정을 내리더라도 똑같은 결론에 이르러야 한다는 것이다. 보편성의 원칙은 의사 결정의 영향을 받는 모든 사람이 인정하고 받아들일 수 있는 결정을 내려야 한다는 것이다. 얼핏 보면 철학적이기도 하고 추상적이기도 한 진실성과 윤리적 의사 결정이라는 역량은 6가지의 하위 역량으로 구체화된다.

a. Sustain an empathetic and compassionate outlook

공감하고 이해하는 관점을 지속하는 능력이다. 진실성과 윤리적 의사 결정은 모두 상대방에 대한 공감과 이해에 연결된다고 할 수 있다. 상대에 대해 공감하고 이해할 때 생각과 말과 행동이 일치하고 공정성과 보편성을 기반으로 윤리적 의사 결정을 내릴 가능성이 높아진다.

b. Foster integrity, honesty, fairness and respect

진실성, 정직성, 공정성, 존경심을 함양하는 능력이다. 정직성, 공정성, 존경심은 모두 진실성을 이루는 뼈대가 된다. 사전적 정의를 보면 정직성은 '마음에 거짓이나 꾸밈이 없이 바르고 곧은 특성', 공정성은 '편애나 차별에 치우침 없이 대우하거나 행동하는 것'이다. 존경심은 '남의 인격, 사상, 행위 따위를 받들어 공경하는 마음'이다. 즉 진실성을 이루는 기본 요소들을 평가 기준으로 정한 것이다.

c. Exhibit moral courage in confronting unjust situations

부당한 상황에 마주쳤을 때 도덕적 용기를 표출하는 능력이다. 우리는 살면서 부당한 상황에 마주쳤을 때 얼마나 도덕적 용기를 발휘할 수 있을까? 아마 대부분 쉽지 않을 것이다. 도덕적 용기를 냈다가 피해를 입을 것이 걱정되기도 하고 별일 아닌 듯 지나치기도 할 것이다. 그런데 윤리적 의사 결정을 내리는 것도 비슷하다. 윤리적 결정을 내렸을 때 받게 될지도 모를 피해에 대한 걱정이나 윤리적 결정을 내리지 않아도 그리 큰 문제가 발생하지 않을 것이라는 생각 등은 우리의 윤리적 의사 결정에 방해 요소가 된다. 그런면에서 부당한 상황에 마주쳤을 때 도덕적 용기를 표출하는 능력은 윤리적 의사 결정 역량을 평가하는 주요 기준이다.

d. Act responsibly, with the interests and well-being of the larger community in mind

보다 큰 공동체의 이익과 행복을 위해 책임감 있게 행동하는 능력이다. 앞에서 설명했듯이 윤리적 의사 결정은 보통 공개성, 공정성, 불가피성, 보편성 등 4가지 원칙에 따라 진행되는데 이 4가지 원칙은 모두 근본적으로는 보다 큰 공동체의 이익과 행복을 위해 책임감 있게 행동하는 능력을 기반으로 한다. 특정 개인이나 집단이 아닌 보다 큰 공동체의 이익과 행복을 추구하는 것이 윤리적 의사 결정의 본질인 것이다.

e. Develop a fundamental understanding of emerging ethical issues and dilemmas regarding new media and technologies

뉴미디어나 뉴테크놀로지에 대한 윤리적 이슈나 딜레마에 대해 본질적으로 이해하는 능력이다. 이 역량을 평가하는 것은 윤리적 의사 결정 영역을 좀 더 광범위하게 확장한다는 점에서 의의가 있다. 꾸준히 변화하고 발달하고 새롭게 등장하는 뉴미디어와 뉴테크놀로지를 사용하면서 우리는 항상 윤리적 이슈나 딜레마에 빠지게 된다. 이때 그 이슈나 딜레마의 본질에 대한 이해를 바탕으로 윤리적 의사 결정을 내릴 수 있는 능력은 매우 중요하게 될 것이다. 예를 들어 로봇 교사가 초등학교 교실에서 아이들을 가르치는 상황을 생각해보자. 로봇 교사라는 뉴테크놀로지를 활용하면 교사의 실업 문제가 유발될 수 있다. 로봇과 사람에 대한 구분이 모호해져 어린 아이들이 정체성의 혼란을 느낄 수도 있다. 또한 드론이나 자율 주행 자동차를 이용해 상품을 배달하는 경우에도 트럭 운전사들의 생계를 위협할 수 있다. 드론이나 자율 주행 자동차가 작동 오류를 일으키면 사람의 생명을 앗아 갈 수도 있다. 이런 경우 단순히 표면적으로 제시된 정보만을 기준으로 의사 결정을 내리는 것보다는 윤리적 이슈나 딜레마에 대해 본질적으로 이해하는 것이 중요하다.

f. Make reasoned and ethical decisions in response to complex problems

진실성과 윤리적 의사 결정의 마지막 하위 역량은 복합 문제에 대해 합리적이고 윤리적인 결정을 내리는 능력이다. 이 부분 역시 윤리적 의사 결정의 범위를 확장한 개념으로 보면 된다. 4차 산업혁명 시대에 우리가 해결해야 할 문제들은 복합 문제들이다. 이런 복합 문제들에 대해서도 합리적이고 윤리적인 결정을 내리는 것이 중요하다.

마음의 습관/사고방식

마음의 습관이란 사고방식과 같은 말로 어떤 문제나 상황에 대해 생각하고 궁리하는 방법이나 태도를 말한다. 어떤 일이든 긍정적으로 생각하는 건 긍정적 마음의 습관이나 사고방식이다. 반대로 늘

마음의 습관/사고방식	
• 성실성	• 끈기/인내심
• 창의력	• 자기 효능감
• 배움과 호기심을 즐기는 마음	• 스트레스 관리 능력
• 회복력/탄력성	• 시간 관리 능력

부정적으로 생각하는 건 부정적 사고방식이나 마음의 습관이다. 마음의 습관이나 사고방식은 한 사람의 근본적인 마음 자세나 태도를 의미하기 때문에 긍정적이고 좋은 마음의 습관과 사고방식을 갖는 것이 필요하다. 역량 중심 성적표에서는 성실성, 창의력, 배움과 호기심을 즐기는 마음, 회복력/탄력성, 끈기/인내심, 자기 효능감, 스트레스 관리 능력, 시간 관리 능력 등 모두 8가지의 하위 역량으로 마음의 습관/사고방식을 평가하고 있다.

a. Conscientiousness

성실성은 정성스럽고 진실한 품성을 말한다. 하나를 하더라도 대충 하는 것이 아니라 정성스럽고 진실하게 하는 것이 필요하다. 얼핏 보면 4차 산업혁명 시대는 기술 지배적인 시대 같지만 사실 사람 중심적인 시대다. 인문학적 소양이나 인성 등이 강조되는 것을 보면 왜 성실성이 마음의 습관/사고방식의 평가 요소 중 하나로 포함되었는지 알게 된다.

b. Creativity

여기서 창의력은 새로운 것을 창조해내는 능력보다는 항상 새로운 관점과 시각으로 모든 문제나 상황을 바라보는 창의적인 사고방식이나 마음의 습관을 의미한다. 경우에 따라 새로운 것을 창조해내는 능력이 부족할 수 있다. 그렇다고 창의적으로 사고하는 것 자체를 멈추면 안 된다. 항상 창의적인 사고방식이나 마음의 습관으로 사물을 보고 상황을 판단하는 것이 중요하다.

c. Love of Learning/Curiosity

배움과 호기심을 즐기는 마음이다. 과거 지식이 통제되던 시대에는 한번 배운 지식을 평생 쓸 수 있었다. 하지만 인터넷과 정보 통신 기술이 발달한 오늘날에는 지식의 반감기[8]가 갈수록 짧아지고 있기 때문에 평생 학습하고 호기심을 즐기는 마음의 습관이나 사고방식이 없으면 점점 뒤처진다. 따라서 누군가가 억지로 시켜서 할 수 없이 학습하는 것이 아니라 생활 속에서 궁금증과 호기심을 해소하기 위해 꾸준히 학습하는 습관이 요구된다.

8 지식의 반감기는 방사성 동위원소 덩어리가 절반으로 붕괴되는 반감기를 가지는 것처럼 우리가 알고 있는 지식의 절반이 틀린 것으로 드러나는 데 걸리는 시간을 의미한다.

d. Resilience

회복력/탄력성은 실패를 겪더라도 멈추거나 좌절하지 않고 다시 일어서는 힘을 말한다. 회복력/탄력성은 긍정적 사고방식과 연결되지만 넓은 의미에서 보면 적응력/진취성/모험 정신과도 연관된다. 어떤 일을 하다가 원하는 성과를 얻지 못하거나 문제를 해결하지 못하더라도 지쳐 쓰러지는 것이 아니라 실패를 주춧돌 삼아 다시 도전하는 마음의 습관이나 사고방식이 필요하다.

e. Persistence

끈기/인내심은 예나 지금이나 늘 중요한 개인의 역량이다. 특히 4차 산업혁명 시대에 우리가 직면하게 될 문제들은 여러 분야에 걸친 다양하고 복합적인 문제들이기 때문에 짧은 시간에 해결하지 못하는 경우가 태반일 것이다. 따라서 끈기와 인내를 갖고 끝까지 문제 해결을 위해 노력하는 기질이 요구된다.

f. Self-Efficacy

자기 효능감은 자기 스스로 어떤 일을 성공적으로 수행할 수 있는 능력이 있다고 믿는 것을 뜻한다. 이는 '나는 안 돼'를 반복하는 패배주의와 반대되는 개념으로 '할 수 있다'라는 자신감이다. 하지만 자신감은 자만심과 다르다는 것을 간과하면 안 된다. 아무런 근거 없이 '나는 잘났고 뭐든 다 잘될 거야'라는 자만은 자기 효능감이 아니다. 자기 효능감은 자기 자신의 능력에 대한 제대로 된 이해를 바탕으로 주어진 일을 평가하고 성공할 수 있다는 자기암시를 주는 긍정적 마음의 습관이나 사고방식이다.

g. Stress Management　h. Time Management

마음의 습관/사고방식의 마지막 두 가지 하위 역량은 스트레스 관리 능력과 시간 관리 능력이다. 스트레스나 시간을 잘 관리하는 능력은 공부를 하든 일을 하든 항상 기본이 되는 능력이다. 다른 사람들과 팀을 이뤄 작업을 하는 경우에는 더더욱 스트레스와 시간의 관리가 필요하다. 특히 4차 산업혁명 시대에는 자기 주도적이고 자율적으로 학습하고 일을 수행해야 하기 때문에 개인 스스로 스트레스나 시간을 관리하는 능력을 향상시키는 것이 중요하다.

20여 개 역량이 담긴 기하학 수업

역량 중심 성적표 도입을 추진하기 위해 설립된 컨소시엄은 역량 중심 성적표 발급 시스템을 개발하고 운영하는 데 있어서 3가지 원칙을 세웠다. 첫째, 역량 중심 평가 기준을 표준화하지 않는다. 역량 중심 성적표를 채택하는 학교들은 똑같은 역량을 똑같은 기준으로 평가하지 않는다. 각 학교의 특성이나 상황에 맞게 주요 역량과 평가 기준을 정해서 자체적으로 사용할 수 있다. 둘째, A, B, C, D, F와 같은 학점이나 100점, 90점, 80점 등 점수는 역량 중심 성적표에 일체 표기하지 않는다. 사실 역량 중심 성적표의 도입은 학점과 100점 만점을 기준으로 학생들의 등급을 매기는 기존 성적 중심 성적표의 문제를 해결하기 위해 시작되었다. 따라서 이 두 번째 원칙은 어찌 보면 당연한 것이다. 셋째, 역량 중심 성적표는 일관된 하나의 형식과 틀을 유지한다. 무엇을 어떤 기준으로 평가할 것인지는 개별 학교 재량에 맡기지만 결과를 어떻게 보여줄 것인지는 공통적으로 일관된 형식과 틀을 유지한다는 것이다. 학부모나 학생,

대학 입학 사정관이 역량 중심 성적표를 한눈에 파악할 수 있도록 하기 위해서다.

예를 들어 학교 A와 학교 B가 있다. 학교 A는 총 6가지 역량을 기반으로 학생들의 역량을 측정하고 학교 B는 총 8가지 역량을 기반으로 학생들의 역량을 측정한다. 역량 중심 성적표를 보면 학교 A는 6개의 방사선 모양이 있으며 학교 B는 8개의 방사선 모양이 있다. 역량의 종류가 다르고 역량별 하위 역량도 다르기 때문에 평가 정보는 다르게 표기된다.

하지만 이름, 주소, 생년월일, 성별 등과 같은 개별 학생에 대한 정보와 발행 학교, 학교 등록 번호, 성적표 발행일 등 기타 정보들은 두 학교 모두 성적표 상단에 표기한다. 디지털 기반의 성적표라

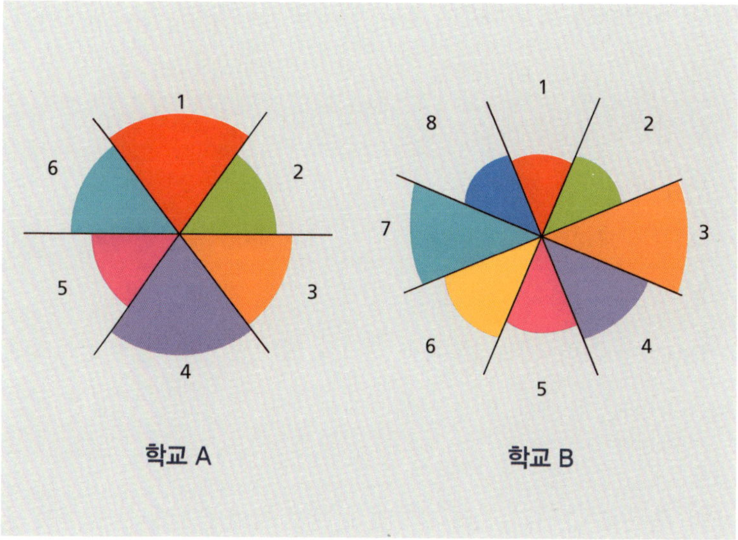

는 점도 두 학교가 똑같다. 학생이나 학부모, 입학 사정관이 성적표를 열람하다가 각 역량의 하위 역량들을 누르면 해당 학생이 제출했던 발표 자료, 보고서, 동영상 자료나 교사의 피드백 등을 확인할 수 있다.

앞에서 설명했듯이 어떤 역량을 무슨 기준으로 평가할 것인지는 각 학교가 추구하는 가치나 비전, 미션 등에 따라 자율적으로 정할 수 있다. 하지만 공통적으로 적용되는 기본적인 원칙은 중간고사 80점, 쪽지시험 100점, 기말고사 90점과 같이 점수로 성적을 부여하지 않는다는 것이다. 대신 각 수업에서 얻을 수 있는 역량에 대한 성취도나 숙련도를 기준으로 평가를 한다.

예를 들어 고등학교 기하학(Geometry) 수업을 보자. 기존의 성적 중심 평가 방식은 보통 다음과 같은 단계를 거친다. 먼저 선생님이 칠판이나 화이트보드에 도형을 그려가며 기하학에 대해 설명을 한다. 시험 기간에 응용문제들을 일정 시간 동안 풀고 100점부터 0점까지 점수가 매겨진다. 한 학기가 끝난 뒤 성적표에는 '2학년 1학기 기하학 80점(B)'과 같이 표기된다. 하지만 역량 중심 평가 방식의 수업에서는 똑같은 기하학 수업이라도 진행과 평가 자체가 달라진다.

선생님은 기하학의 기본적인 개념만 설명한 다음 실생활에 적용되는 다양한 문제를 학생들에게 제시한다. 학생들은 그룹을 이뤄 다른 친구들과 협업을 하면서 문제에 대한 답을 찾는다. 간단한 문제의 경우 수업 시간이 끝나기 전에 각자 찾아낸 답을 발표하며 공유하는 시간을 갖는다. 하지만 복합 문제는 하루나 이틀 또는 일주일 정도의 시간 동안 같은 그룹의 친구들과 함께 다양한 자료를 찾아가며 답을 구하기 위해 노력해야 한다. 물론 역량 중심 평가 방식이라도 기하학에서 기본적으로 이해해야 할 내용에 대해 시험을 볼 수 있다. 하지만 성적 중심 평가 방식과 달리 50점이나 80점을 받고 끝나는 것이 아니다. 어떤 부분이 이해가 안 돼서 50점이나 80점을 받았는지 학생 스스로 다시 생각해보고 모르는 부분이 있으면 선생님이나 친구들에게 물어보면서 해당 내용에 대한 이해도와 숙련도를 향상시키는 시간을 보낸다. 즉 역량 중심 평가 방식에서의 시험은 학습의 끝이 아니라 시작인 것이다. 시험 결과를 통해 자신의 현황을 파악하고 이해도와 숙련도를 향상시킬 기회를 가질 수 있다.

기하학 수업을 통해 선생님은 학생들의 다양한 역량도 파악하고 평가한다. 8대 역량 중에서 분석적이고 창의적인 사고, 복합적 의사소통, 리더십과 팀워크, 디지털/양적 리터러시, 마음의 습관/사고방식 등을 평가할 수 있다. 분석적이고 창의적인 사고의 경우 복합 문제를 파악하고 관리하고 처리하는 능력, 의미 있는 질문을 도출하는 능력, 아이디어나 지식을 분석하고 창조하는 능력, 다양한 대체 방법을 생각해내는 능력, 지속적인 추론을 해나가는 능력, 복합적인 현실 세계 문제들을 해결하기 위해 지식이나 창의력을 이용하는 능력 등의 하위 역량을 측정한다. 다음으로 복합적 의사소통의 경우에는 집중해서 경청하는 능력, 효과적으로 조리 있게 말하는 능력, 정보를 설명하고 다른 사람들이 푹 빠져들 정도로 흥미롭게 설득하는 능력 등을 평가한다. 리더십과 팀워크의 경우 새로운 아이디어를 처음으로 생각해내고 제시하는 능력, 그룹 토론이나 토의를 촉진하고 의견 일치를 이끌어내며 결과에 대해 협상하는 능력, 가르치고 지도하고 상담하는 능력, 남의 협력을 얻거나 도움을 구하는 능력, 성과를 거두었을 때 공로를 함께 나누는 능력 등을 측정한다. 디지털/양적 리터러시는 디지털 테크놀로지를 이해하고 이용하고 적용하는 능력, 다양한 형식으로 자신의 아이디어를 효과적으로 전달하기 위해 멀티미디어 자원을 활용하는 능력, 고등수학을 숙달하고 이용하는 능력 등으로 평가한다. 마지막으로 마음의 습관/사고방식의 경우에는 성실성, 창의력, 배움과 호기심을 즐기는 마음, 끈기/인내심, 자기 효능감, 시간 관리 능력 등을 측정한다.

다음으로는 과외활동에 대한 역량 평가의 사례를 보자. 아프리카 지역의 물 부족 문제를 해결하기 위한 모임에 가입해 활동을 하는 학생이 있다. 물 부족 문제가 발생하는 이유를 파악하려면 아프리카 지역의 지리적 상황이나 문화적 특징 등에 대한 이해를 향상시키기 위해 다양한 활동을 해야 할 것이다. 또한 해결 방안을 찾기 위해 다양한 자료를 찾고 실험을 하고 여러 분야의 전문가들과 만나 의견을 들어야 할 것이다. 이런 활동에서도 분석적이고 창의적인 사고, 복합적 의사소통, 리더십과 팀워크, 디지털/양적 리터러시, 세계적 시각, 적응력/진취성/모험 정신, 마음의 습관/사고방식 등을 평가할 수 있다.

우선 분석적이고 창의적인 사고의 경우 복합 문제를 파악하고 관리하고 처리하는 능력, 의미 있는 질문을 도출하는 능력, 아이디어나 지식을 분석하고 창조하는 능력, 정보의 홍수 속에서 양질의 정보를 찾아내는 능력, 시행착오를 겪으면서도 문제에 대한 해결책을 고안하고 테스트하는 능력, 다양한 대체 방법을 생각해내는 능력, 한 분야에 국한되지 않고 여러 분야에 걸치는 지식과 시각을 발전시키는 능력, 지속적인 추론을 해나가는 능력, 복합적인 현실 세계 문제들을 해결하기 위해 지식이나 창의력을 이용하는 능력 등을 평가한다. 복합적 의사소통의 경우에는 다양한 청중이나 독자들과 명확하게 의사소통하는 능력, 집중해서 경청하는 능력, 효과적으로 조리 있게 말하는 능력, 독자들의 다양성을 고려해서 간결하면서도 명확하게 글을 쓰는 능력, 정보를 설명하고 다른 사람들이 푹 빠져들 정도로 흥미롭게 설득하는 능력 등을 측정한다.

리더십과 팀워크는 새로운 아이디어를 처음으로 생각해내고 제시하는 능력, 신뢰를 쌓고 갈등을 해소하며 다른 사람들을 위해 힘을 보태는 능력, 그룹 토론이나 토의를 촉진하고 의견 일치를 이끌어내며 결과에 대해 협상하는 능력, 가르치고 지도하고 상담하는 능력, 남의 협력을 얻거나 도움을 구하는 능력, 업무를 위해 협력하고 그룹을 관리하며 책임을 위임하는 능력, 결정을 실행하고 목표를 이루는 능력, 성과를 거두었을 때 공로를 함께 나누는 능력 등 거의 모든 하위 역량을 평가할 수 있다. 디지털/양적 리터러시의 경우는 디지털 테크놀로지를 이해하고 이용하고 적용하는 능력과 다양한 형식으로 자신의 아이디어를 효과적으로 전달하기 위해 멀티미디어 자원을 활용하는 능력이 측정된다.

세계적 시각은 다른 사람의 전통이나 가치에 대해 열린 사고를 발달시키는 능력, 다른 지역의 역사, 정치, 종교, 문화에 대해 이해하는 능력, 지구촌 곳곳의 사람들이나 일들을 연결하기 위한 테크놀로지 활용 능력, 다양한 문화를 넘나들며 정보를 효과적으로 탐색하는 사회적, 지적 능력, 글로벌 이슈들을 제대로 이해하고 다루기 위해 의사소통 능력, 협동 능력, 비판적 사고 능력, 창의력 등과 같은 21세기 핵심 역량을 활용하는 능력 등을 평가한다. 적응력/진취성/모험 정신의 경우에는 익숙하지 않은 상황에 도전하는 능력, 탐구하고 실험하는 능력, 실패를 교훈으로 여길 수 있고, 혁신은 잦은 실패와 작은 성공으로 이뤄진다는 것을 받아들일 수 있는 능력 등을 측정한다. 마지막으로 마음의 습관/사고방식은 성실성, 창의력, 배움과 호기심을 즐기는 마음, 회복력/탄력성, 끈기/인내심, 자기 효능감, 스트레스 관리 능력, 시간 관리 능력 등을 평가한다.

위에 열거한 많은 수의 역량들을 한 명의 교사가 하나하나 평가하기 위해서는 전문적인 역량 평가 교육을 받아야만 한다. 하지만 모든 교사가 전문적인 역량 평가 교육을 받는 것이 어려운 경우 특정 수업 활동에 따라 미리 정해진 수준의 역량들을 부여할 수도 있다. 역량 중심 성적표가 실제로 운영되기 시작하면 각 학교는 여러 역량 평가 방식 중 학교 상황에 가장 잘 맞는 방식을 선택할 것으로 보인다.

한편 도입 초기에는 학부모와 학생, 교사들이 혼란을 느낄 수도 있고 역량 중심 성적표를 사용하고 싶지 않은 학생들도 있을 수 있다. 따라서 일정 기간 동안은 시험이나 페이퍼, 퀴즈 등 기존 평가 방식을 그대로 실시한 뒤 학생들에 따라 평가를 달리해야 한다. 성적 중심 평가 방식을 원하는 학생들은 학점이나 점수를 부여하고 역량 중심 평가 방식을 원하는 학생들은 역량을 인정하는 이중 평가 방식을 진행하는 것이다. 역량 중심 평가 방식을 한꺼번에 도입하기 어렵거나 학교 방침상 기존의 성적 중심 평가 방식도 유지하고자 하는 경우에도 이중 평가 방식을 활용할 수 있다.

예를 들어 수학 I 수업에서 이중 평가 방식을 활용하는 경우를 보자. 한 학급에 총 16명의 학생이 있는데 그중 11명은 성적 중심 평가 방식을 원하고 5명은 역량 중심 평가 방식을 원한다. 중간고사나 기말고사, 페이퍼나 퀴즈 등 평가는 두 그룹의 학생들에게 똑같이

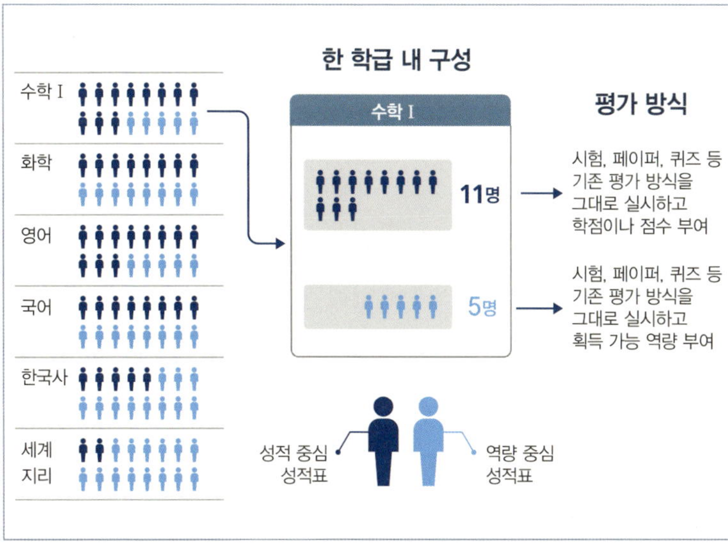

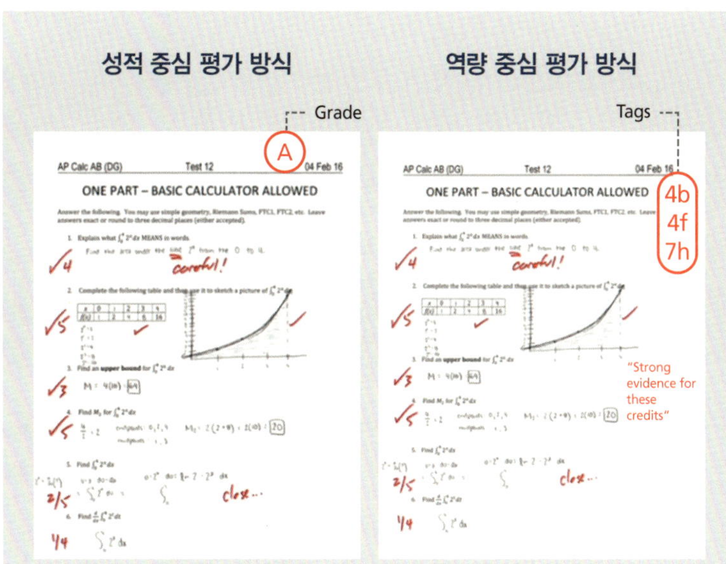

이중 평가 사례(위)와 동일 시험 결과에 대한 평가 방식의 차이(아래)

실시한다. 하지만 성적 중심 평가 방식을 원한 11명의 학생에게는 100점 만점으로 표시되는 점수나 A, B, C, D, F로 표시되는 학점을 부여하고 역량 중심 평가 방식을 원한 5명의 학생에게는 중간고사나 기말고사, 페이퍼나 퀴즈 등 각 평가에서 획득한 역량을 보여준다. 역량 중심 평가 방식을 원한 학생들의 모든 평가 결과는 디지털화 작업을 거쳐 온라인 성적표에 입력된다. 학부모나 학생, 입학 사정관이 역량 중심 성적표의 역량별 세부 내용을 누르면 어떤 시험 결과나 학습활동을 통해 해당 역량을 획득했는지 구체적으로 알 수 있다. 시험 결과뿐만 아니라 수업에서 제출한 발표 자료나 보고서, 동영상 자료 등도 살펴볼 수 있는 것이다.

성적표 하나가 일으킬 변화

역량 중심 성적표의 도입이 교육에 가져올 변화는 크게 6가지다. 첫째, 앞으로 성적표에서는 과목명이나 100점 만점제의 점수나 A, B, C, D, F로 표현되는 학점을 더 이상 볼 수 없다. 이것은 가장 눈에 띄는 변화일 것이다. 두 번째 변화는 수업의 진행 방식이다. 선생님이 일방적으로 가르치고 학생들은 수동적으로 배우는 수업 방식에서 선생님은 기본 개념만 알려주고 학생들 스스로 주체가 되어 학습하는 방식으로 바뀐다. 선생님의 역할도 티칭(teaching)에서 코칭(coaching)으로 변한다. 세 번째는 종이로 된 성적표에서 디지털화된 성적표로의 변화다. 디지털 성적표에서는 학생들의 과제물이나 시험 결과, 발표 자료나 동영상 등 해당 역량의 객관적 증거들을 언제든 확인할 수 있다. 네 번째 변화는 학생의 개인별 수업 일정에 따라 등하교 시간이 자율화되는 것이다. 모든 학생들이 똑같은 시간에 학교에 갔다가 똑같은 시간에 집으로 돌아오는 일은 더 이상 보기 힘들어진다. 다섯 번째로 국어, 영어, 수학, 과학, 사회 등의 기

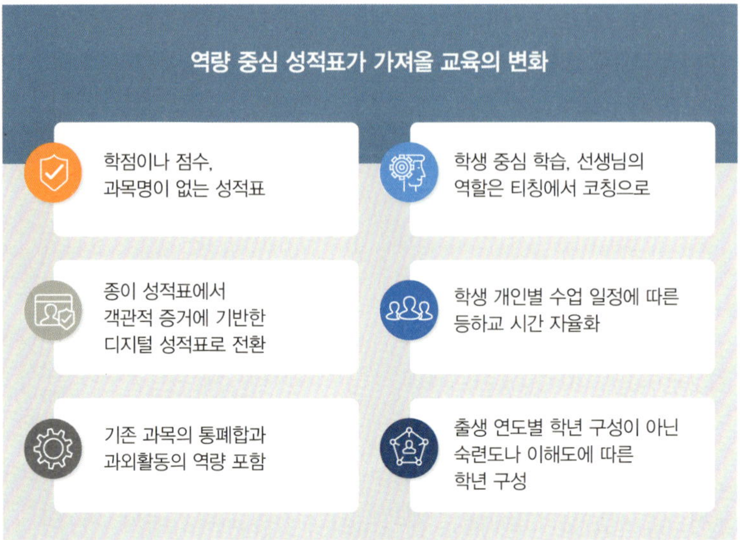

존 과목이 통폐합되고 과외활동에서 얻은 역량도 성적표에 포함된다. 여섯 번째는 숙련도나 이해도에 따라 수업을 듣게 된다는 점이다. 같은 해에 태어났다는 이유로 같은 학년에서 수업을 듣는 일은 더 이상 없을 것이다.

학점이나 점수, 과목명이 없는 성적표

가장 명백한 변화는 더 이상 수업명이나 100점 만점제의 점수나 A, B, C, D, F 등의 학점을 성적표에서 볼 수 없다는 것이다. 우리가 사용하는 성적 중심 성적표에는 기본적으로 매 학기 어떤 수업을 들었고 어떤 점수나 학점을 받았는지 표시되어 있다. 예를 들어

고등학교 1학년 1학기에 국어, 영어, 수학, 물리, 한국사를 수강하면 국어 90점, 영어 80점, 수학 70점, 물리 80점, 한국사 90점 등과 같이 수업명과 점수가 표기된다.

하지만 역량 중심 성적표에는 학생이 인정받은 역량이 표시된다. 8대 역량별 수준은 방사선 모양의 그래프에 나타나고 인정받은 하위 역량은 별도의 리스트에 명시된다. 앞에서 예로 든 조지프 스미스 학생의 역량 중심 성적표를 다시 보자. 우리나라로 치면 고등학교 3학년인 조지프는 학창 시절 8대 역량을 골고루 키워온 걸 알 수 있다. 좀 더 자세히 성적표를 들여다보면 인정받은 하위 역량도 구체적으로 확인할 수 있다.

먼저 8대 역량 중 분석적이고 창의적인 사고를 보자. 총 12개 하위 역량 가운데 편견이나 선입견을 간파하고 신뢰할 수 있는 정보와 불확실한 정보를 구별하는 능력과 아이디어나 지식을 분석하고 창조하는 능력 등 2가지 하위 역량에서 두각을 나타낸 것을 알 수 있다. 물론 12개의 하위 역량 중에 2가지 역량밖에 얻지 못했기 때문에 분석적이고 창의적인 사고 역량이 매우 낮은 학생으로 볼 수도 있다. 하지만 역량 중심 성적표의 목적은 부족한 역량을 파악하는 것이 아니다. 오히려 어떤 역량을 어떤 과정을 통해 인정받았는지를 있는 그대로 보여주는 것이다. 다시 말해 못한 부분에 초점을 맞춰 부진한 학생으로 만드는 것이 아니라 잘한 부분에 초점을 맞춰 학생의 특성을 있는 그대로 보여주는 것이 역량 중심 성적표 도입의 취지다.

Smith, Joseph '17

Parents: Scott and Gina Smith
Student Residence Address & Phone:
1234 Cleveland Avenue
Cleveland, OH 44108
(555) 555-5555

Date of Birth: 10/11/1998
Entered:
Today's Date: 1/16/2017
Status: Current Student
Sex: Male

Hawken School
CEEB Code: 361262
12456 County Line Road, P.O. Box 8002
Gates Mills, Ohio 44040-8002
(440) 423-2916, fax (440) 423-2994

Featured Credits:

7b	Foster integrity, honesty, fairness and respect
3b	Lead through influence
3c	Build trust, resolve conflicts, and provide support for others
3g	Coordinate tasks, manage groups, delegate responsibilities
3h	Implement decisions and meet goals
8e	Persistence

Earned Credits:

1 Analytical and Creative Thinking
- b. Detect bias, and distinguish between reliable and unsound information
- e. Analyze and create ideas and knowledge

2 Complex Communication—Oral and Written
- a. Understand and express ideas in two or more languages
- c. Listen attentively
- d. Speak effectively

3 Leadership and Teamwork
- a. Initiate new ideas
- b. Lead through influence
- c. Build trust, resolve conflicts, and provide support for others
- d. Facilitate group discussions, forge consensus, and negotiate outcomes
- f. Enlist help
- g. Coordinate tasks, manage groups, and delegate responsibilities
- h. Implement decisions and meet goals
- i. Share the credit

4 Digital and Quantitative Literacy
- a. Understand, use, and apply digital technologies
- c. Use multimedia resources to communicate ideas effectively in a variety of forms
- d. Master and use higher-level mathematics
- e. Understand traditional and emerging topics in math, science, and technology, environmental sciences, robotics, fractals, cellular automata, nanotechnology, and biotechnology

5 Global Perspective
- b. Understand non-western history, politics, religion and culture
- e. Develop social and intellectual skills to navigate effectively across cultures
- h. Leverage social and cultural differences to create new ideas and achieve success

6 Adaptability, Initiative, and Risk-Taking
- a. Develop flexibility, agility, and adaptability
- b. Bring a sense of courage to unfamiliar situations
- d. Work effectively in a climate of ambiguity and changing priorities
- g. Develop entrepreneurial literacy

7 Integrity and Ethical Decision-Making
- a. Sustain an empathetic and compassionate outlook
- b. Foster integrity, honesty, fairness and respect
- c. Exhibit moral courage in confronting unjust situations
- d. Act responsibly, with the interests and well-being of the larger community in mind
- e. Develop a fundamental understanding of emerging ethical issues and dilemmas regarding new media and technologies

8 Habits of Mind
- b. Creativity
- e. Persistence

Digital transcript: hawken.edu/joseph.smith
access code: 2F371AX4LT

SIGNATURE OF SCHOOL OFFICIAL

역량 중심 성적표

복합적 의사소통을 보면 조지프는 총 6가지 하위 역량 중 두 가지 이상의 언어로 이해하고 표현할 수 있는 능력과 집중해서 경청하는 능력, 그리고 효과적으로 조리 있게 말하는 능력을 갖춘 것을 알 수 있다. 즉 조지프는 언어적 감각이 뛰어난 학생으로 두 가지 이상의 언어로 이해하고 표현할 수 있는 능력이 우수하고 상대방의 의견을 집중해서 경청할 뿐만 아니라 자신의 의견을 효과적으로 조리 있게 말하는 능력도 갖고 있다.

리더십과 팀워크의 경우 9가지 하위 역량 중 8가지를 가진 걸 볼 수 있다. 다시 말해 조지프는 리더십과 팀워크가 뛰어난 학생이다. 새로운 아이디어를 처음으로 생각해내고 제시하는 능력이 우수하다. 지시나 명령, 권위 등을 이용해 사람들을 이끄는 것이 아니라 사람들에게 영향을 미쳐 스스로 따라오게 한다. 신뢰를 쌓고 갈등을 해소하며 다른 사람들을 위해 힘을 보태주는 데 자질이 있다. 그룹 토론이나 토의를 촉진하고 의견 일치를 이끌어내며 결과에 대해 협상할 줄 안다. 남의 협력을 얻거나 도움을 구하는 능력도 발달했다. 또한 업무를 위해 협력하고 그룹을 관리하며 책임을 위임하는 능력과 결정을 실행하고 목표를 이루는 능력, 성과를 거두었을 때 공로를 함께 나누는 능력이 뛰어나다.

디지털/양적 리터러시 측면에서는 총 5가지 하위 역량 중 4가지 역량을 갖고 있다. 디지털 테크놀로지를 이해하고 이용하고 적용하는 능력, 다양한 형식으로 자신의 아이디어를 효과적으로 전달하기 위해 멀티미디어 자원을 활용하는 능력, 고등수학을 숙달하고 이용하는 능력, 수학, 과학, 테크놀로지, 환경과학, 로보틱스, 기하학, 셀룰러 오토마타, 나노 테크놀로지, 바이오 테크놀로지 등 전통적이거나 최근 새롭게 부각된 분야에 대해 이해하는 능력이 우수한 것을 알 수 있다.

9가지의 하위 역량으로 이루어진 세계적 시각에서는 다른 지역의 역사, 정치, 종교, 문화에 대해 이해하는 능력, 다양한 문화를 넘나들며 정보를 효과적으로 탐색하는 사회적, 지적 능력, 다양한 아이디어를 창출하고 일을 성취하기 위해 사회적, 문화적 차이를 이용하는 능력이 발달했다. 다른 지역에 대한 깊은 이해를 바탕으로 다양한 문화의 차이를 효과적으로 활용할 수 있는 세계적 시각을 갖췄다고 볼 수 있다.

적응력/진취성/모험 정신의 7가지 하위 역량 중에서는 유연성, 민첩성, 적응력을 키우는 능력, 익숙하지 않은 상황에 도전하는 능력, 애매모호한 상황이나 우선순위가 변경되는 상황에서도 효과적으로 일하는 능력, 창업을 하고 기업을 운영하는 데 필요한 지식과 역량을 개발하는 능력이 뛰어나다. 유연성, 민첩성, 적응력이 우수하고 창업을 하고 기업을 운영하는 데 필요한 지식과 역량을 개발하는 기업가적 시각이 돋보인다.

진실성과 윤리적 의사 결정에서는 총 6가지 하위 역량 중 5가지 역량을 갖고 있다. 공감하고 이해하는 관점을 지속하는 능력과 진실성, 정직성, 공정성, 존경심을 함양하는 능력이 우수하다. 또한 부당한 상황에 마주쳤을 때 도덕적 용기를 표출하는 능력이 있으며 보다 큰 공동체의 이익과 행복을 위해 책임감 있게 행동하고 뉴미디어나 뉴테크놀로지에 대한 윤리적 이슈나 딜레마에 대해 본질적으로 이해하는 능력을 지니고 있다.

마지막으로 마음의 습관/사고방식의 8가지 하위 역량 중에서는 성실성과 끈기/인내심의 2가지 역량을 갖고 있다.

역량 중심 성적표 컨소시엄에 따르면 성적 중심 성적표의 수업명과 학점, 점수 등으로는 개별 학생들의 차이점을 파악하기 힘들다. 또한 수학에서 어떤 성적을 받았고 영어에서 어떤 성적을 받았다는 것만 알 수 있을 뿐 실제로 수학적 역량이나 언어적 역량을 측정하기 어렵다. 따라서 학생들은 수업에서 높은 성적을 받기 위해 힘쓰고 입학 사정관들은 변별력 있는 다른 지표들을 찾느라 애쓰는 모순이 계속된다. 최근에는 B학점을 받아도 낙제라는 생각이 들 정도로 A학점 인플레이션이 발생하고 있어 성적으로 학생들을 변별한다는 것은 갈수록 어려워지고 있다. 학생 개인별 특성을 있는 그대로 보여주는 역량 중심 성적표의 중요성이 더욱 부각되고 있다.

학생 중심 학습, 선생님의 역할은 티칭에서 코칭으로

지금까지 교육개혁을 위해 다양한 방법을 시도했지만 고등학교의 교실 상황은 여전히 선생님 중심으로 진행되고 있다. 선생님은 정보의 전달자로서 수업의 주요 개념들을 전달하고 학생들은 시험에서 좋은 성적을 받기 위해 전달받은 내용을 암기한다. 학생을 위한 학교에서 학생보다는 선생님 위주로 수업이 진행되는 상황이다. 사실 학습의 주체는 학생이어야 한다. 선생님이 아무리 좋은 교육 방식으로 잘 가르쳐도 학생 스스로 이해하고 받아들이고 공부하지 않으면 학습이 제대로 이뤄지지 않기 때문이다. 아무리 산해진미를 차려놓아도 결국 음식을 삼켜 소화시켜야 하는 것은 먹는 사람인 것과 마찬가지다. 그런 면에서 학습 효과는 자리에 앉아 있는 시간이 아니라 집중해서 능동적으로 학습한 시간에 비례한다. 10시간을 책상에 앉아 있더라도 선생님이 가르쳐주는 내용이 하나도 이해가 안 가거나 다른 생각을 하고 앉아 있었다면, 그 10시간의 학습 효과는 제로다. 반면에 단 2시간을 책상에 앉아 있더라도 집중해서 능동적으로 선생님의 수업 내용을 이해하고 이해한 내용을 다양한 상황에 적용하며 학습을 진행했다면, 그 2시간의 학습 효과는 멍하니 앉아서 시간만 보낸 10시간보다 훨씬 클 것이다.

이런 이유에서 역량 중심 성적표는 학생 중심 수업을 지향한다. 학생은 학습의 주체가 되어 스스로 학습을 진행하고 선생님은 학생을 가르치는 티칭이 아니라 학생을 돕는 코칭을 한다. 따라서 역량 중심 성적표의 도입은 학생 중심의 학습과 티칭에서 코칭으로의 변화를 전제로 하기 때문에 자기 주도적인 학습을 진행하는 역량을 요구한다.

종이 성적표에서 객관적 증거에 기반한 디지털 성적표로 전환

역량 중심 성적표가 디지털화된 성적표라는 점에 주목할 필요가 있다. 기존 성적 중심 성적표의 경우에는 매 학기 수업을 들으며 받은 학점이나 점수를 종이에 기록해 발급한다. 하지만 역량 중심 성적표는 디지털화된 성적표로 역량 중심 성적표 관리 시스템에서 관리와 발급을 진행한다. 수업이나 과외활동에서의 시험, 발표, 토론, 보고서 등에 대한 평가 결과를 관리 시스템에 입력하고 학생들의 과제물, 시험 결과, 발표 자료, 동영상 등 객관적 증거들을 업로드한 뒤 교사의 승인을 거쳐 저장한다.

학생들은 관리 시스템에서 자신이 어떤 역량을 어느 수준으로 갖고 있는가를 파악할 수 있고 필요한 경우 특정 역량을 강화하기 위한 수업이나 과외활동을 신청해서 수강할 수 있다. 또한 학생들이 대학 입시를 위해 역량 중심 성적표 발행을 학교에 요청하면 학교는 대학의 입학 사정관에게 이메일을 발송하고 입학 사정관은 해당 학생의 성적표에 접속해 관련 내용을 확인한다. 무엇보다도 중요한 건 입학 사정관이 학생의 특성을 2분 안에 파악할 수 있다는 점이다. 그리고 보다 자세한 내용을 알고 싶은 경우 해당 역량을 클릭하면 학생의 과제물이나 시험 결과, 발표 자료, 동영상 등 객관적 증거들과 함께 선생님의 피드백을 확인할 수 있다.

객관적 증거에 기반한 디지털 성적표로의 전환은 최근 미국 대학 입시 플랫폼의 변화와도 잘 맞기 때문에 대학에서 디지털 성적표를

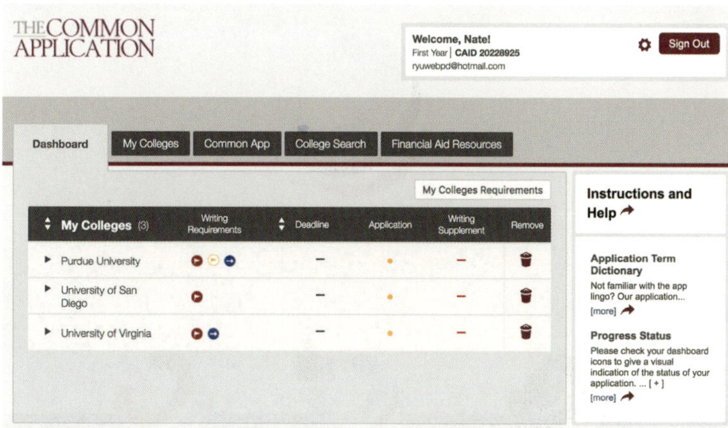

공통 지원서 웹사이트

채택하는 데 큰 거부감이 없을 것으로 전망된다. 현재 미국 대학 입시에서 가장 널리 사용되고 있는 플랫폼은 공통 지원서(Common Application)다. 아이비리그 대학들을 비롯해 버지니아대학교(University of Virginia), 시카고대학교(University of Chicago) 등 750여 개의 미국 내 주요 대학들이 멤버로 가입한 공통 지원서는 하나의 플랫폼에서 여러 대학에 원서를 제출할 수 있는 온라인 대학 지원 시스템이다. 학생들이 공통 지원서 웹사이트에서 온라인으로 원서를 제출할 때 종이에 프린트된 성적표를 스캔해서 업로드하는 것보다 디지털화된 성적표가 호환성이 더 좋을 것이다.

또한 2016년부터는 연합 지원서(Coalition Application)가 새로 도입되었다. 최근 6년간 졸업률이 70%가 넘고 장학금을 비롯해 학생들에 대한 재정적 지원이 잘되어 있는 132개 대학이 멤버로 가입해 있

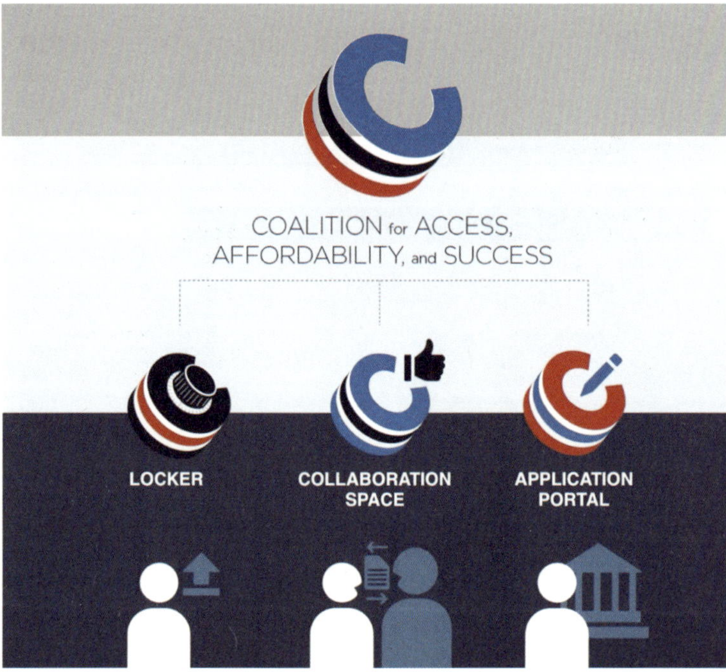

© The Coalition for Access, Affordability, and Success

연합 지원서 플랫폼 구성도

다. 그런데 연합 지원서를 보면, 대학에서도 이미 전 과목 A학점 학생보다는 자신의 개성이나 특징, 재능이 있는 학생을 선발하기 위해 오랫동안 고민해왔음을 알 수 있다. 객관적 증거에 기반한 디지털 성적표가 추구하는 방향과 닮은 점이 있기 때문이다. 연합 지원서 플랫폼 안에는 로커(Locker)라 불리는 디지털 사물함이 있다. 고등학교 신입생인 9학년[9]부터 이 같은 개인만의 공간에 자신의 프로젝트 발표 자료나 에세이, 스스로 제작한 동영상이나 다른 친구들과 협업한 작품들을 올릴 수 있다. 단기간에 입시를 준비하는 것이 아

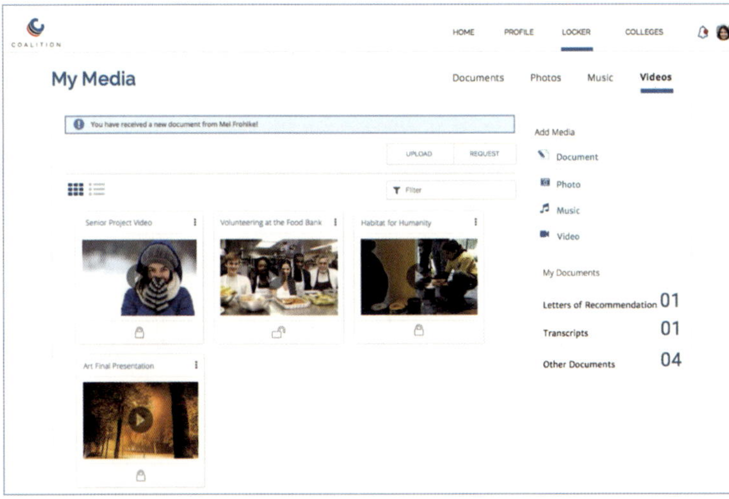

© The Coalition for Access, Affordability, and Success

연합 지원서의 로커

니라 고등학교 4년 내내 꾸준히 준비해갈 수 있는 것이다. 특히 연합 지원서 플랫폼 안에서 학생들은 자신의 프로젝트나 에세이 등의 결과물을 해당 분야의 전문가나 지역 내 멘토와 공유하고 그들로부터 피드백을 받을 수 있다. 더욱 심화된 학습을 진행할 수 있는 기회를 얻게 되는 것이다. 따라서 이처럼 대학으로부터 시작된 혁신적 변화의 바람은 역량 중심 성적표의 도입에 긍정적으로 작용할 것으로 보인다.

---

9 한국의 경우 고등학교가 3년제이지만 미국에서는 대부분의 고등학교가 4년제로 운영된다. 따라서 미국은 9학년부터 12학년까지가 고등학교에 해당하며 미국의 학년제를 한국에 적용해보면 한국의 고등학교는 10학년부터 12학년까지다.

연합 지원서를 사용 중인 대학교	
Adelphi University	Franklin and Marshall College
Allegheny College	Georgia Institute of Technology
American University	Hamilton College
Amherst College	Harvard University
Bates College	Haverford College
Beloit College	Indiana University - Bloomington
Binghamton University - State University of New York	James Madison University
Bowdoin College	Johns Hopkins University
Bryn Mawr College	Juniata College
Caltech	Lycoming College
Carleton College	Manhattan College
Carroll University	Marist College
Case Western Reserve University	Miami University - Ohio
Claremont McKenna College	Michigan State University
Clemson University	Middlebury College
Colby College	Mount Holyoke College
Colgate University	North Carolina State University at Raleigh
College of New Jersey	North Central College
College of the Holy Cross	Northeastern University
College of Wooster	Northwestern University
Colorado College	Oberlin College
Columbia University	The Ohio State University
Dartmouth College	Penn State
Davidson College	Pomona College
Denison University	Princeton University
Drew University	Purdue University
Duke University	Ramapo College of New Jersey
Elon University	Reed College
Emory University	Rice University
Florida State University	Rutgers University - New Brunswick
Babson College	College of William & Mary
Brown University	Cornell University
Bucknell University	Grinnell College

Rutgers University - Newark	University of Maryland - College Park
Saint Michael's College	University of Michigan
Salem College	University of Minnesota - Twin Cities
Simmons College	University of Montana
Skidmore College	University of New Hampshire
Smith College	University of New Mexico
Southern Methodist University	University of Notre Dame
St. Mary's University	University of Pennsylvania
St. Olaf College	University of Pittsburgh
Stanford University	University of Richmond
State University of New York - College at Geneseo	University of Rochester
Stetson University	University of South Carolina
Stony Brook University	University of Tampa
Swarthmore College	University of Vermont
Sweet Briar College	University of Washington
Texas A&M University	Vanderbilt University
Trinity University	Vassar College
Tufts University	Wake Forest University
Union College	Washington University in St. Louis
University of Arizona	Wellesley College
University at Buffalo - State University of New York	Wesleyan University
University of Chicago	Williams College
University of Connecticut	Yale University
University of Dayton	University of Arkansas
University of Florida	University of Delaware
University of Georgia	University of Missouri
University of Illinois at Urbana-Champaign	University of North Carolina at Chapel Hill
University of Iowa	University of Texas at Austin
University of Kentucky	University of Virginia
University of Mary Washington	Virginia Polytechnic Institute and State University
Illinois State University	Loyola University Maryland
Kenyon College	Franklin W. Olin College of Engineering
Loyola Marymount University	State University of New York - University at Albany

학생 개인별 수업 일정에 따른 등하교 시간 자율화

역량 중심 성적표를 시행하기 위해서는 역량 중심 평가 방식을 채택해야 한다. 역량 중심 평가 방식은 똑같은 시간 동안 똑같은 내용을 가르치고 똑같이 평가하지 않는다. 개인별 학습 목표에 따라 자신의 수업 일정을 짤 수 있도록 허용하고 정규 교과 외 과외활동을 통해 얻은 역량도 모두 포함시킨다.

예를 들어 디지털/양적 리터러시의 하위 역량을 키우는 경우를 보자. 수학, 과학, 테크놀로지, 환경과학, 로보틱스, 기하학, 셀룰러 오토마타, 나노 테크놀로지, 바이오 테크놀로지 등 전통적이거나 최근 새롭게 부각된 분야에 대해 이해하는 능력을 강화하기 위해 인근 대학의 바이오 테크놀로지 연구소에서 한 학기 동안 인턴 생활을 하는 학생이 있다. 인턴으로 참여하는 모든 활동은 정규 수업 시간에 할 수 있도록 허락되기 때문에 이 학생은 연구소 일정에 따라 등교하거나 하교하는 시간이 달라질 수 있다. 리더십과 팀워크의 하위 역량 중 가르치고 지도하고 상담하는 능력을 보강하고 복합적 의사소통 중 효과적으로 조리 있게 말하는 능력과 정보를 설명하고 다른 사람들이 푹 빠져들 정도로 흥미롭게 설득하는 능력을 키우기 위해 인근 중학교에 가서 자신이 잘하는 수학을 중학생들에게 가르치는 경우도 있을 것이다. 이때에도 중학교 수업 일정에 맞춰서 등하교 시간을 정할 수 있다.

이런 변화의 움직임은 최근 미국의 공립고등학교에서도 보이고 있어 개인별 수업 일정에 따른 등하교 시간 자율화는 큰 문제 없이 시행될 수 있을 것이다. 미국 내에서 전통적으로 교육 수준이 높은 버지니아 주의 고등학교 3곳은 '하이스쿨 2022' 프로그램을 신설, 2018년도 신입생에게 적용한다고 2017년 2월에 발표했다. 이 프로그램의 주목적은 고등학교에서 개인 맞춤형 학습을 실현하는 것이다. 학생들은 자신의 학습 목표에 맞춰 수강 과목과 과외활동을 정하고 개별 일정에 맞춰 등교와 하교를 하게 된다.

기존 과목의 통폐합과 과외활동의 역량 포함

역량 중심 성적표의 도입을 주도하고 있는 역량 중심 성적표 컨소시엄이 추구하는 또 하나의 목표는 학생들에게 맞춰 기존 과목들을 통합하거나 융합하고 전혀 새로운 과목을 신설하는 것이다. 컨소시엄의 의장을 맡고 있는 스콧 루니 교장은 영어, 수학, 과학, 사회 등의 과목이 언제 어떤 이유로 정해졌는지도 모른 채 이들 과목을 중심으로 학생들의 하루 일과를 정하고 수업을 진행해오고 있다고 주장한다. 따라서 학생들이 특정 개념이나 내용을 더 잘 이해하는 데 도움이 된다면 수학과 화학을 합치거나 물리와 미술을 합칠 수 있어야 한다고 강조한다.

현재 미국 고등학교에서는 대학 입학을 위해 필수로 이수해야 하는 기준 수업 단위인 카네기 학점(Carnegie unit)을 중심으로 수업들이 구성되어 있다. 결국 스콧 루니 교장의 말에 따르면 이런 카네기 학점은 학생이 아니라 교사나 입시 제도의 편의성에 초점을 맞추고 있는 것이다. 따라서 역량 중심 평가 방식은 학생들의 학습에 가장 도움이 되는 방향으로 기존의 수업들을 자유롭게 통합하거나 융합할 계획이다. 물론 도입 초기에는 영어, 수학, 과학, 사회, 미술, 음악, 체육 등 현행 수업들을 그대로 사용하면서 성적 중심 평가와 역량 중심 평가를 동시에 진행할 것이다. 한편 정규 과목 외 과외활동을 통해서도 8대 역량이나 그 하위 역량을 얻을 수 있기 때문에 정규 과목의 비중은 점차 낮아지고 실질적으로 역량을 강화할 수 있는 새로운 형태의 수업이나 과외활동이 늘어날 것으로 전망된다.

그런데 기존 과목을 통폐합하거나 새로운 형태의 수업을 진행하는 것이 그리 막연한 얘기만은 아니다. 미국 캘리포니아 주의 비스타 시에 위치한 비스타 하이스쿨은 사립학교가 아닌 공립학교임에도 불구하고 이미 2015년부터 수업의 개인화를 실시해오고 있다. 그 첫 사례는 '스케이트보드 타기' 수업이었다. 사실 미국 내 상당수의 고등학교가 학교 내에서 스케이트보드 타는 걸 금지하는 분위기라 '스케이트보드 타기' 수업 개설은 얼핏 들으면 쉽게 납득이 가지 않는다. 그런데 학생 대부분이 히스패닉이고 부모가 대부분 노동자인 비스타 하이스쿨의 가장 큰 고민은 학생들이 흥미를 갖고 학교에 계속 나오도록 하는 것이었다. 그러던 중 당시 17세였던 에르난 에르난데스(Hernan Hernandez)가 앤서니 바렐라(Anthony Barela) 교장에게 '스케이트보드 타기' 수업을 제안해 학생들로부터 큰 호응을 얻었다.

그 후 계속해서 수업의 개인화를 추진해가던 비스타 하이스쿨은

'XQ: 슈퍼스쿨 프로젝트'에 선정되었다. 스티브 잡스의 미망인 로렌 파월 잡스가 고등학교 교육개혁을 위해 500억 원의 후원금으로 만든 이 프로젝트는 5년간 총 100억 원을 비스타 하이스쿨에 지원한다. 2016년에는 150여 명의 학생들이 자발적으로 참여한 개인 맞춤형 학습 프로그램을 시범 운영했고 2017년 9월부터는 전체 신입생을 대상으로 개인 맞춤형 학습 프로그램을 확대 실시하고 있다. 신입생을 맡은 교사들은 학생 개인의 장점과 선호에 따라 개인 맞춤형 학습을 진행할 수 있도록 교육을 받았고 커리큘럼도 학생들이 관심과 흥미를 가질 수 있도록 새롭게 구성되었다.

출생 연도별 학년 구성이 아닌 숙련도나 이해도에 따른 학년 구성

현재 교육 시스템상 우리는 같은 해에 태어난 동갑내기들하고 유치원 및 초등학교, 중학교와 고등학교까지 함께 다니고 있다. 그런데 이 제도는 누구를 위한 제도일까? 학습의 주체는 학생이어야 하고 과목이나 주제별 학습 수준이나 이해도, 관심과 흥미도 모두 개인에 따라 다른데, 우리는 같은 해에 태어났다는 이유로 같은 학년에 배정되어 10년이 넘는 시간 동안 똑같은 수업을 받는다. 역량 중심 성적표 컨소시엄은 이런 문제를 해결하기 위해 태어난 연도에 상관없이 역량 수준이 비슷한 학생들이 함께 수업을 듣도록 하고자 한다.

예를 들어 2005년도에 태어난 토머스 베이커와 에밀리 스미스가 있다고 하자. 토머스와 에밀리 모두 2005년도에 태어났기에 현행 미국 교육 시스템으로 치면 2018년 현재 7학년으로 중학생이다. 그런데 토머스는 화학과 지구과학에 관심이 많고 성적도 좋은 반면에 수학은 하위권에 머물러 있고, 에밀리는 수학을 좋아하고 성적도 우수한 반면에 화학은 평균 정도 수준이고 지구과학은 전혀 관심이 없다. 이런 경우 역량 중심 성적표가 도입되면 토머스는 화학과 지구과학은 인근 고등학교에서 보다 높은 수준의 수업을 듣게 되지만 수학은 6학년들과 함께 듣게 된다. 한편 에밀리는 수학의 경우에는 인근 고등학교에서 보다 난이도가 높은 수업을 듣게 되지만 화학은 7학년들과 함께 듣고 지구과학은 수강하지 않아도 된다.

어떻게 보면 미국에 비해 나이를 상대적으로 중시하는 한국 문화에서는 적용하는 데 거부감이 큰 방식이 아닐까 싶기도 하다. 하지만 교육은 나이가 아니라 학생 개개인의 관심과 흥미 그리고 능력과 역량에 따라 이뤄져야 한다는 점을 강조하다 보면 한국에서도 충분히 적용 가능할 것으로 보인다. 한편 미국에는 나이가 아닌 학생의 관심과 흥미, 능력과 역량에 따라 맞춤형 수업을 이미 진행하고 있는 곳이 있는데 바로 칸랩 스쿨(Khan Lab School)이다. 칸랩 스쿨은 무료 온라인 강의 회사인 칸 아카데미(Khan Academy)의 창립자 살만 칸이 2014년에 캘리포니아 주 마운틴뷰 지역에 설립한 실험학교다. 칸랩 스쿨의 가장 큰 특징은 태어난 연도에 따른 학년이 없다는 것이다. 유치원부터 5학년까지의 학생들을 하나로 묶은 Lower School과 6학년부터 12학년까지의 학생들을 하나로 묶은 Middle

School & Upper School을 운영하고 있다. 모든 수업을 학생 개개인의 관심과 흥미, 능력과 역량에 맞춰 진행한다. 수업이나 주제별 이해도와 숙련도를 평가해 독립성 레벨(Independence level)을 1부터 6까지 부여하며 나이와 상관없이 독립성 수준이 같은 학생들이 함께 수업을 듣는다.

물론 칸랩 스쿨은 소수의 학생들만 모집하는 사립학교이기 때문에 이런 실험적인 방식으로 운영하는 것이 일반 학교에 비해 수월했을 수도 있다. 하지만 칸랩 스쿨과 같이 나이가 아니라 역량 수준에 따라 수업을 진행하는 사례가 성공한 것을 보면 미지않아 역량 중심 성적표의 도입과 함께 일반 학교에도 비슷한 변화의 바람이 불 것으로 전망된다.

PART 2

4차 산업혁명 시대, 역량 중심 성적표가 왜 중요한가?

150년도 안 되는 역사

그런데 이쯤에서 몇 가지 궁금증이 머릿속에 떠오른다. 왜 4차 산업혁명 시대가 도래하는 시점에 역량 중심 평가 방식이나 역량 중심 성적표의 도입에 대한 얘기가 나오는 것일까? 우리 역사 속에서 근대 공교육 시스템은 언제 어떤 목적을 갖고 시작됐을까? 그리고 계속 운영해온 근대 공교육 시스템을 우리는 왜 지금 뜯어고쳐 역량 중심의 새로운 교육 시스템을 구축하고자 할까? 4차 산업혁명 시대를 세상에 처음 알린 세계경제포럼(World Economic Forum: WEF)이 2016년 『일자리의 미래(The Future of Jobs)』 보고서에서 언급한 4차 산업혁명 시대의 10대 핵심 역량은 과연 현행 교육 시스템을 통해서 키울 수 있을까? 이번 장에서는 이런 물음들에 대한 답을 함께 찾아보고자 한다.

오늘날과 같은 형태의 공교육은 19세기에 들어 시작되었다. 역사적으로 보면 18세기 이전에 교육은 권력가나 부유층의 전유물이었다. 농업 중심의 사회 속에서 대부분의 아이들은 나이에 상관없이 노동력의 주요한 부분을 차지했다. 부모의 권력이나 재력으로 개인 교습을 받거나 교회에서 운영하는 학교에 입학이 가능한 경우에 한해서만 교육의 기회가 주어졌다. 물론 당시만 해도 오늘날과 같이 영어, 수학, 과학, 사회 등의 과목을 가르치지 않았다. 성경 읽기나 인성 교육, 인문학이나 미학(Aesthetics, 美學), 수사학이나 음악 등이 주된 교과였다.

그런데 18세기 중반에 1차 산업혁명으로 증기기관이 사람의 노동력을 대체하고 수많은 공장이 곳곳에 세워지기 시작하면서 아이들은 공장의 노동력으로 사용되었다. 푸른 하늘 아래 맑은 공기를 마시며 들판에서 뛰어놀아야 할 나이의 아이들이 어둡고 지저분하며 사람들로 붐비는 공장 속에서 하루 종일 마치 노예처럼 일을 해야만 했다. 1883년 영국 의회에서는 9세 미만의 아이를 직물 공장에서 일하게 하는 것을 금지하고 10~12세 아이의 주당 근무시간은 48시간을 넘지 않도록 하며 13~17세 청소년들의 주당 근무시간은 69시간을 넘기지 못하게 하는 법을 통과시켰다. 이를 보면 법이 통과되기 이전에는 어린아이들이 하루도 쉬는 날 없이 얼마나 열악하게 일을 했는지 짐작이 간다.

1차 산업혁명 이후 지속적으로 제기된 문제는 우수한 노동력을 안정적으로 공급하는 것이었다. 따라서 많은 학생들을 한 교실에 모아놓고 한꺼번에 교육하는 매스 에듀케이션(Mass education)에 대한 논의가 계속되었다. 1839년 영국에서는 정책 입안 및 처리, 재정 관리, 법원 감독을 주관하던 추밀원이 추밀원령(Order in Council)을 내려

교육성(the Committee of the Privy Council on Education)을 설립하고 공교육을 위한 정부 예산 지출의 기틀을 마련했다. 또한 1868년 영국 의회에서 공공학교법(Public Schools Act 1868)을 통과시키면서 오늘날과 같이 정부 지원하에 무료교육을 제공하는 공교육 시스템이 시작되었다. 영국 의회는 1870년에 초등교육법(Elementary Education Act 1870)을 통과시켜 5~13세 아이들에 대한 의무교육을 도입했다. 말 잘 듣고 시키는 일 잘하고 암기력 좋고 읽고 쓸 줄 알고 계산할 수 있는 노동력을 대량으로 확보하기 위해 독서(Reading), 글쓰기(Writing), 연산(Arithmetic) 위주의 과목들을 구성해서 학교 수업을 진행했다.

결과적으로 근대 공교육 시스템은 양질의 노동력을 대량 공급하기 위해 시작되었기 때문에 아이들의 수업에 대한 이해도나 역량 수준 같은 것에는 상대적으로 의미를 적게 뒀다. 즉 똑같은 시간 동안 똑같은 내용을 가르치고 똑같은 시험을 실시해 1등부터 꼴등까지 줄 세운 다음 상위권에 속하는 양질의 노동력을 선별하면 되는 것이었다. 그러다 보니 학교 수업을 따라가지 못해 낙오되는 학생들에 대한 관심은 부족했다. 또한 개별 학생들의 관심과 흥미, 역량이나 능력과는 상관없이 같은 연도에 태어난 아이들을 동일 학년으로 구성해 함께 수업을 듣게 한 것도 학생들을 위한 것이 아니라 행정상 편의를 위한 방법이었다.

결국 우리는 효율성이란 명분하에 지난 150여 년간 계속 같은 시스템을 유지해온 것이다. 150년이란 시간 동안 증기기관은 전기기관으로, 전기기관은 정보 통신 기술의 발달로 인해 자동화된 생산

© Getty Images

1895년 근대 공교육 초기의 교실

© College of Saint Elizabeth

오늘날 교실의 모습

라인으로 대체되었지만 공교롭게도 공교육 시스템만은 변화 없이 예전 근대의 모습을 그대로 유지하고 있다. 손으로 편지를 쓰던 시대에서 이메일을 보내는 시대로, 증기기관차로 여행을 하던 시대에서 비행기를 타고 하늘을 나는 시대로 변했음에도 학생들은 여전히 근대의 모습과 똑같은 교실 환경에서 선생님이 가르쳐주는 내용을 받아 적고 시험에서 좋은 성적을 내기 위해 암기를 하고 있는 상황인 것이다.

물론 산업혁명을 기반으로 시작된 근대 공교육 시스템이 교육의 기회를 저소득층까지 확대해 누구나 최소한의 교육을 받고 읽기, 쓰기, 연산 등의 기본 능력을 갖추는 데 공헌한 것은 사실이다. 하지만 교육 방식과 교육 내용은 시대의 흐름에 맞춰 변화되어야 한다. 아쉽게도 근대 공교육 시스템은 오래전부터 교육개혁의 대상이 되어왔지만 부분적으로 수정하거나 개선하는 수준에 그쳤다.

그런데 왜 4차 산업혁명 시대에는 근대 공교육 시스템이 더 이상 적용될 수 없을까? 1차부터 3차까지의 산업혁명은 기업이 중심이었다. 기업이 원하는 양질의 노동력이 제공되는 한 근대 공교육 시스템은 통째로 바꿀 필요가 없었다. 2차 산업혁명 때까지만 해도 중학교나 고등학교만 마치면 산업 현장에서 일자리를 가질 수 있었다. 하지만 3차 산업혁명 시대에는 기업이 원하는 전문 지식을 대학이 맡아 가르침에 따라 기업이 원하는 인재가 되고 취업을 하는 데 대학 졸업장이 필수가 되었다. 따라서 초중고 전 과정은 대학 입시에 초점을 맞추었다. 최근에는 대학을 졸업해도 취업이 보장되지 않아 대학원에서 석사나 박사 학위를 받거나 어학연수, 공모전, 해외 인턴십 등 다양한 스펙을 쌓기 위해 노력해야 한다. 극한 경쟁의 시대가 닥쳐온 것이다. 결국 근대 공교육 시스템은 기업이 원하는

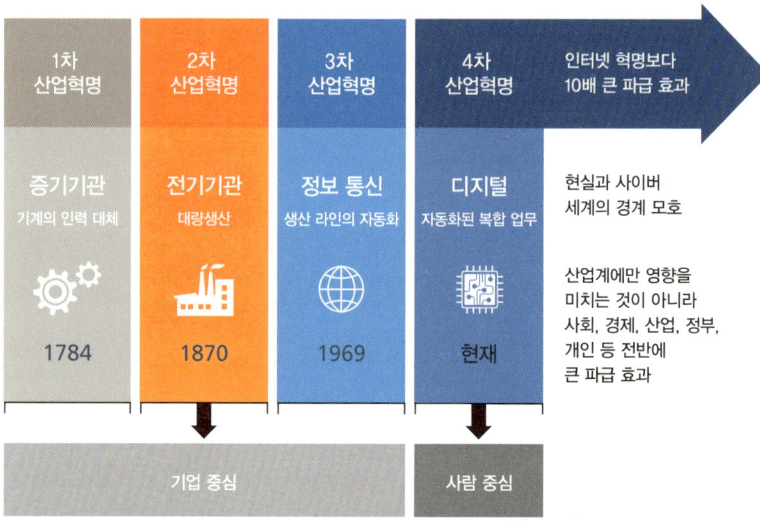

양질의 노동력을 양산하기 위해 오늘날까지 그대로 유지되고 있다.

하지만 4차 산업혁명 시대가 요구하는 인재는 근대 공교육 시스템으로 키워내기 어렵다. 4차 산업혁명 시대는 기업 중심이 아니라 사람 중심의 시대이기 때문이다. 얼핏 보면 4차 산업혁명 시대는 기술이 인간의 삶에 보다 깊이 들어온 기술 지배적 시대 같다. 하지만 실은 사람의 지위가 향상되고 사람들이 더욱 긴밀히 연결되며 비판적 사고와 창의력으로 복합 문제를 해결해나가는 사람 중심적 시대다. 또한 사람과 기술, 과학과 인문학이 함께 조화를 이루는 융복합의 시대다. 따라서 과거 기업 중심의 근대 공교육 시스템과 같은 패러다임으로는 새로운 시대를 주도해나갈 새로운 인재를 양성할 수 없다.

앞에서 말했듯이 세계경제포럼의 『일자리의 미래』 보고서에 따르면, 4차 산업혁명 시대의 인재들에게 요구되는 10대 핵심 역량은 복합 문제 해결 능력, 비판적 사고 능력, 창의력, 인적자원 관리 능력, 협업 능력, 감성 능력, 판단 및 의사 결정 능력, 서비스 지향성, 협상 능력, 인지적 유연성 등이다. 즉 4차 산업혁명 시대에는 근대 공교육 시스템에서 필요한 역량이었던 독서, 글쓰기, 연산과는 확연히 다른 역량들이 요구되는 것이다. 교실에서 선생님이 가르쳐주는 지식을 일방적으로 배우는 주입식, 암기식 교육으로는 10대 역량을 키울 수 없기 때문에 역량 중심 성적표의 도입이라는 변화의 물결이 밀려오고 있다. 정보의 접근 자체가 통제되었던 과거에 비해 오늘날은 오히려 정보의 홍수 속에 살고 있다. 원하는 양질의 정보를 잘 선별해서 찾아내고 기존 정보를 토대로 새로운 정보를 창조해내는 상상력과 창조력이 암기력보다 더 요구되는 시대가 되었다. 역량 중심 성적표나 역량 중심 평가 방식은 머지않아 선택이 아니라 필수가 될 것으로 전망된다.

언제부터 A, B, C, D, F를 썼을까?

이번엔 현재 사용 중인 성적 표기 방식에 대해서 알아보자. 우리는 언제부터 A, B, C, D, F의 학점 방식을 썼을까? 중간고사나 기말고사 등의 시험에서 100점을 만점으로 규정한 것은 언제부터였을까? A, B, C, D, F의 학점 방식이나 100점 만점제가 그리 오래된 방식이 아니라면 그 이전에는 어떤 평가 방식을 썼고 어떻게 평가 결과를 표기했을까?

1차 산업혁명 이전 대학에서의 티칭은 주로 멘토십(mentorship)으로 이뤄졌다. 이는 교수가 일방적으로 지식을 전달하는 티칭을 하고 평가를 한 뒤 점수를 매기는 방식이 아니었다. 교수는 개별 학생들의 호기심이나 궁금증을 파악해 풀어주고 수업의 이해도나 학습 스타일까지 체크하고 하루 중 대부분의 시간을 학생들과 함께 보내는 멘토 역할을 했다. 따라서 당시만 해도 학생들은 어느 대학을 졸업했는가가 아니라 어떤 교수가 자신의 멘토였는지를 중요하게 생각했다.

양적 성적 평가 방식을 개발한 윌리엄 패리시

18세기 중반에 시작된 1차 산업혁명은 18세기 말 사회 전반에 많은 영향을 미친다. 그중 하나가 바로 일한 만큼 급여를 받는 시스템의 도입이었다. 1차 산업혁명 이전에는 실적과 상관없이 하루든 일주일이든 한 달이든 시간을 채우면 일당, 주급, 월급 등을 받았다. 하지만 1차 산업혁명을 계기로 실적 위주의 급여 지급 방식이 사회 전반에 확대되었다. 대학교수의 급여도 가르치는 학생 수에 따라 차별화했다. 즉 기존에는 한 명을 가르치든 10명을 가르치든 상관없이 멘토로서의 역할을 잘하면 똑같이 지급되던 급여가 많이 가르칠수록 많이 받게끔 바뀐 것이다.

그러던 중 영국의 케임브리지대학(University of Cambridge)에 화학과 교수로 부임한 윌리엄 패리시(William Farish)가 1792년 양적(Quantitative)

방법으로 성적을 평가하는 방식을 개발해 자신의 수업에서 사용하기 시작했다. 이 방식이 바로 오늘날 학점 부여 방식의 전신이다. 패리시 교수는 자신이 개발한 양적 성적 평가 방식 덕분에 짧은 시간에 수백 명의 학생들을 평가할 수 있었고, 그의 급여는 당연히 다른 교수들에 비해 월등히 높았다.

그런데 문제는 패리시 교수의 양적 성적 평가 방식이 공장에서 생산된 제품을 평가하던 방식을 차용했다는 점이다. 증기기관으로 돌아가는 방직공장에서 생산품을 등급에 따라 분류하던 방식을 자신의 수업에 그대로 적용한 것이다. 학생들을 등급별로 분류해서 성적을 부여하는 패리시 교수의 양적 성적 평가 방식은 본인의 급여를 올리는 데는 도움을 줬을지 몰라도, 학생들은 그로 인해 멘토로서의 스승을 잃게 되었다.

패리시 교수의 양적 성적 평가 방식은 효율성이 좋다는 이유로 오늘날까지 다양한 형태로 변형되어 사용되고 있다. 양적 성적 평가 방식 중 대표적인 것이 바로 A, B, C, D, F 학점제와 100점 만점제다. 그런데 왜 A, B, C, D, E가 아니라 A, B, C, D, F라고 했을까? 또한 우리가 흔히 쓰는 100점 만점제는 언제 처음 시작됐을까?

미국 교육의 역사를 보면 1830년도에 하버드대학교(Harvard University)가 처음으로 숫자를 양적 성적 평가 방식에 사용한 것으로 나온다. 그런데 이때까지만 해도 100점이 아니라 20점 만점제였다. 1877년에야 비로소 100점 만점제가 등장한다. 하버드대학교의 수학과, 철학과 교수들이 100점 만점제를 도입해서 사용한 것이다.

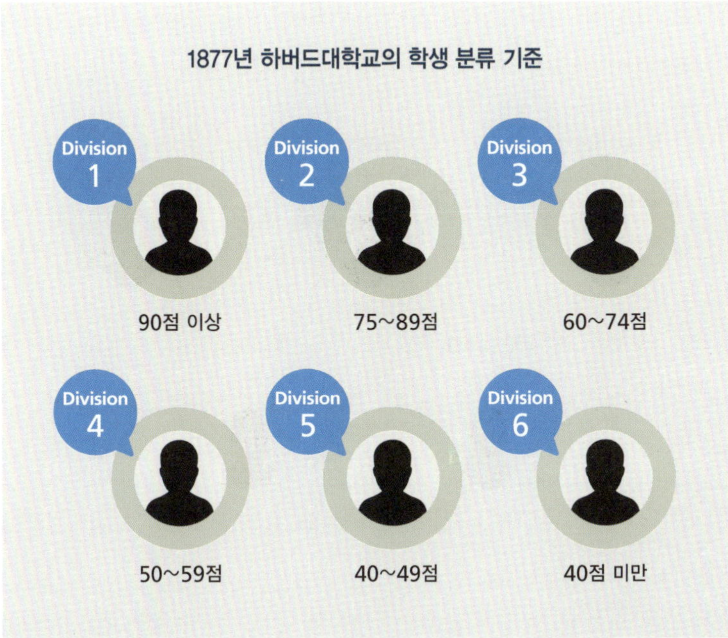

하버드대학교는 100점 만점을 기준으로 각 수업의 학생들을 6가지 그룹으로 분류했다. 90점 이상은 Division 1, 75점부터 89점 사이는 Division 2, 60점부터 74점 사이는 Division 3, 50점부터 59점 사이는 Division 4, 40점부터 49점 사이는 Division 5, 40점 미만은 Division 6으로 분류했다.

A, B, C, D 학점제를 처음 쓴 곳은 미국 매사추세츠 주에 위치한 명문 여자 사립 리버럴 아츠 칼리지인 마운트 홀리요크 칼리지(Mount Holyoke College)다. 기록을 보면 1837년에 설립된 미국 최초의 여자대학교인 마운트 홀리요크 칼리지에서 1897년 처음으로 A, B, C, D

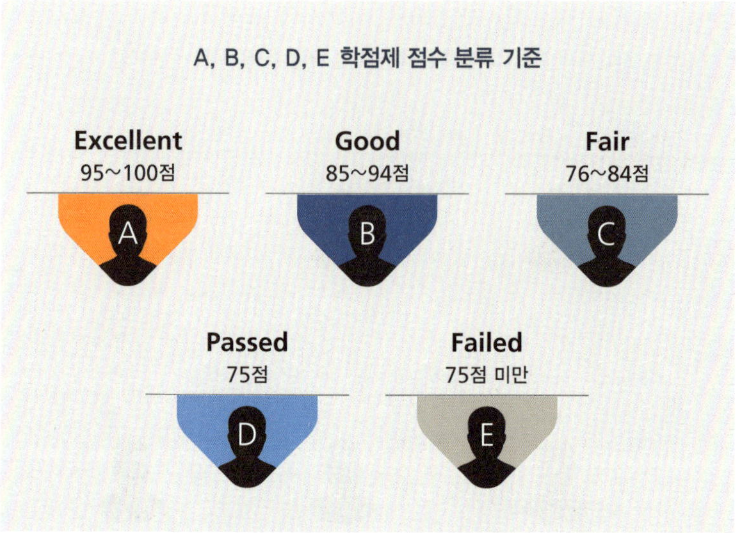

학점제를 사용한 것으로 나온다. 그런데 A, B, C, D의 기준이 불규칙했으며 F가 아니라 E가 최저 학점이었다. 100점 만점에서 95점 이상이면 A, 85점부터 94점 사이는 B, 76점부터 84점 사이는 C, 75점은 D였다(과목을 이수하기 위해서는 75점 이상을 반드시 받아야만 했다). 그리고 75점 미만은 E를 부여해 과목 이수에 실패했음을 표기했다.

마운트 홀리요크 칼리지는 실패라는 의미를 좀 더 강조하기 위해 1898년에 E학점을 F학점으로 변경했다(Failed의 첫 자를 따서 F로 명명했다). 그 후 다른 대학에서도 학생들의 성적을 표기하기 위해 학점제를 채택했고 지금까지 계속 A, B, C, D, F로 학점을 표기하고 있다. A, B, C, D, F의 기준은 다양한 시행착오를 겪다가 오늘과 같이 100점 만점에서 90점 이상이면 A, 80점 이상 89점 이하는 B, 70점 이상

79점 이하는 C, 60점 이상 69점 이하는 D, 그리고 59점 이하는 F로 정립되었다.

한편 오늘날 대학에서 널리 사용되고 있는 4점 만점의 평균 평점(Grade Point Average: GPA)은 1813년 미국 예일대학교(Yale University)에서 시작되었다. 물론 예일대학교의 초기 4점 만점제는 말 그대로 각 수업에서의 평가 결과에 따라 1점이나 2점, 3점이나 4점을 부여하는 방식이었다. 시간이 지나면서 A, B, C, D, F 학점제와 100점 만점제, 4점 만점의 평균 평점이 하나로 합쳐져 현재의 성적 평가 방식이 생겨났다. 100점 만점에서 90점 이상이면 받는 A는 평균 평점으로는 4.0, 80점 이상 89점 이하면 받는 B는 3.0, 70점 이상 79점 이하면 받는 C는 2.0, 60점 이상 69점 이하면 받는 D는 1.0, 그리고 59점 이하인 F는 0.0이다.

점수 지상주의

인류의 역사상 교육 현장에서 객관식 시험이 사용된 건 100년 정도밖에 안 된다. 객관식 시험이 도입되기 전에는 학습한 내용에 대해 말이나 문장으로 설명하는 것을 평가했다. 예를 들어 근대 초기만 해도 대학에서는 여러 명의 교수들로 구성된 평가위원회가 교수들의 질문에 대한 학생들의 구두 답변으로 학습 수준을 평가했다. 또한 학생들은 교수가 제시한 질문의 답변을 종이 위에 적어 제출하기도 했다.

미국 캔자스대학교의 교육대학 학장이었던 프레더릭 켈리(Frederick Kelly) 교수가 처음으로 객관식 시험을 교육 분야에 도입한 이후 현재 전 세계 교육 현장에서는 객관식 시험이 널리 사용되고 있다. 정해진 시간 동안 주어진 보기 중에서 최대한 많은 답을 맞혀야 하는 객관식 시험의 도입은 학생들을 위한 좋은 변화였을까? 켈리 교수가 객관식 시험의 도입을 제안한 이유를 보면 이 질문에 대한 답을 알 수 있게 된다. 켈리 교수는 1914년도에 쓴 박사 논문에서 객관식 시험을 도입한 두 가지 이유를 주장했다. 첫 번째는 당시 학생들에 대한 교사들의 평가가 지극히 주관적일 수 있다는 것이고, 두 번째는 교사들이 학생들을 평가하는 데 너무 많은 시간을 쓰고 있다는 것이었다. 즉 평가의 객관성을 확보하고 학력 평가의 부담을 덜어주기 위해 객관식 시험을 도입한 것이다.

흥미롭게도 IQ 테스트라 불리는 지능검사가 객관식 시험이 널리 퍼지는 데 큰 공헌을 했다. IQ 테스트를 처음 고안해낸 인물은 프랑스의 심리학자 알프레드 비네(Alfred Binet)였다. 비네 박사는 지적장애가 있는 아이들을 파악해 장애를 극복할 수 있도록 돕는 방법을 연구했다. 그러던 중 동료 의사였던 테오도르 시몽(Theodore Simon)과 함께 3~12세 아이의 지적장애를 검사하기 위한 비네-시몽(Binet-Simon) 테스트를 1905년에 개발했다. 이후 독일의 심리학자 빌리암 슈테른(William Stern)이 지능지수(Intelligence Quotient: IQ)라는 용어를 고안해 현재 우리들에게 익숙한 IQ 테스트라는 말이 생겨났다.

그런데 지적장애를 가진 아이들을 찾아 교육하기 위한 좋은 취지의 지능검사 도구가 미국으로 건너오면서 그 의미가 많이 변질되고 만다. 남녀노소를 불문하고 지능을 측정하는 도구로 사용되면서 여러 가지 문제를 불러왔기 때문이다. 1916년 미국 스탠퍼드대학교의 심리학과 교수인 루이스 터먼(Lewis Terman)이 비네-시몽 테스트의 영어 버전으로서 성인의 지능도 측정할 수 있는 스탠퍼드-비네(Stanford-Binet) 테스트를 발표했다. 미국이 1차 세계대전에 참전하면서 이 지능검사가 신병들의 지능을 측정하는 데 쓰였다. 무려 170만 명의 신

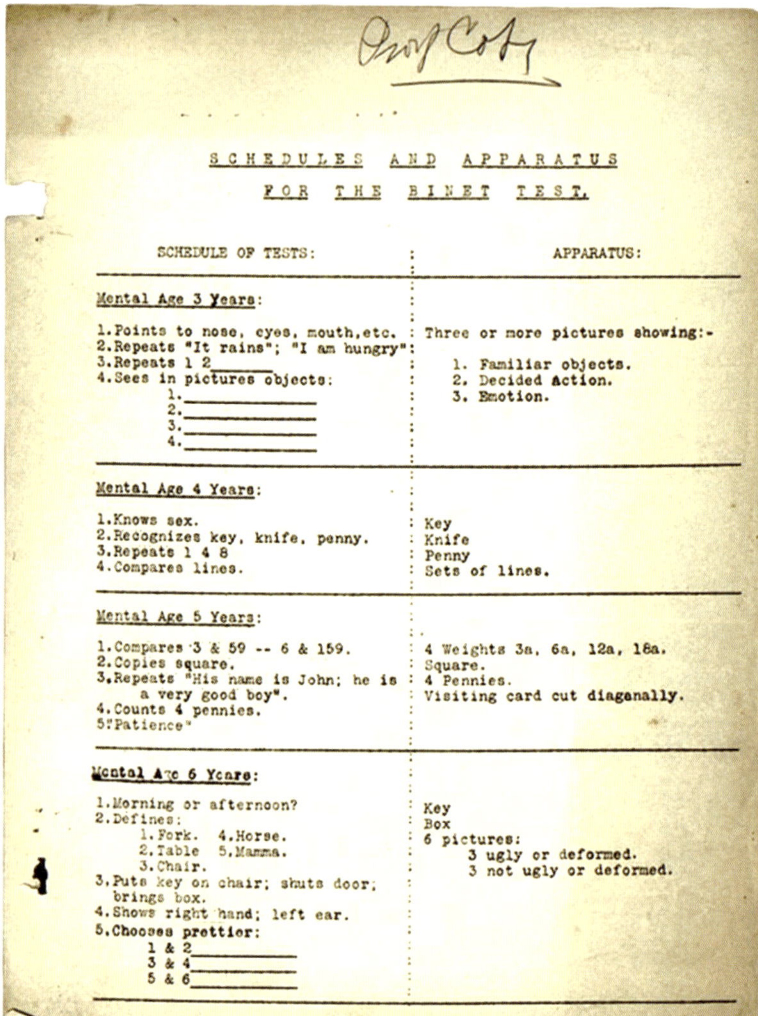

SCHEDULES AND APPARATUS
FOR THE BINET TEST.

SCHEDULE OF TESTS:	APPARATUS:
Mental Age 3 Years:	
1. Points to nose, eyes, mouth, etc. 2. Repeats "It rains"; "I am hungry". 3. Repeats 1 2 ______ 4. Sees in pictures objects: 1. ______ 2. ______ 3. ______ 4. ______	Three or more pictures showing:- 1. Familiar objects. 2. Decided Action. 3. Emotion.
Mental Age 4 Years:	
1. Knows sex. 2. Recognizes key, knife, penny. 3. Repeats 1 4 8 4. Compares lines.	Key Knife Penny Sets of lines.
Mental Age 5 Years:	
1. Compares 3 & 59 -- 6 & 159. 2. Copies square. 3. Repeats "His name is John; he is a very good boy". 4. Counts 4 pennies. 5. "Patience"	4 Weights 3a, 6a, 12a, 18a. Square. 4 Pennies. Visiting card cut diaganally.
Mental Age 6 Years:	
1. Morning or afternoon? 2. Defines: 1. Fork. 4. Horse. 2. Table 5. Mamma. 3. Chair. 3. Puts key on chair; shuts door; brings box. 4. Shows right hand; left ear. 5. Chooses prettier: 1 & 2 ______ 3 & 4 ______ 5 & 6 ______	Key Box 6 pictures: 3 ugly or deformed. 3 not ugly or deformed.

비네-시몽 테스트 초기 샘플

병들을 검사한 스탠퍼드-비네 테스트는 백인이 흑인보다 지적 능력이 우수하다는 백인 우월주의를 지지하는 자료로 사용되기도 했다.

객관식 평가 방식을 채택한 스탠퍼드-비네 테스트는 짧은 시간에 많은 인원의 지적 능력을 검사하는 것이 가능했다. 이를 지켜본 미국 심리학자들은 객관식 평가 방식의 효율성에 매료되어 다양한 종류의 객관식 평가 방식들을 앞다퉈 개발했다. 그중 하나가 바로 한국의 수학 능력 평가와 비슷한 미국 대학입학 학습능력 적성시험(Scholastic Aptitude Test: SAT)이었다. 터먼 교수는 가장 효율적인 방법으로 학습 능력을 측정하기 위해 미국 아이오와대학교의 교육학 교수 에버렛 프랭클린 린드퀴스트(Everett Franklin Lindquist) 등과 함께 객관식 문제들로 구성된 SAT를 개발했다. SAT는 1926년에 미국 대학 입시를 위한 표준 시험으로 정해졌다. 한편 객관식 평가 방식은 광학적 판독 기술을 활용한 OMR(Optical mark recognition) 카드의 보급과 함께 전 세계에 널리 퍼졌다.

물론 객관식 평가 방식의 효율성을 무시할 순 없다. 자칫 주관적일 수 있는 평가에서 객관적 공정성을 확보했다. 한 명의 교사가 짧은 시간에 다수의 학생들을 평가할 수 있게 됨으로써 시간적 효율성도 높아졌다. 또한 전체 학생들의 학력 수준을 평가하는 학력 진단 평가나 대학에서의 수학 능력을 평가하는 수학 능력 평가의 경우 주관식 시험은 너무 많은 인원과 오랜 시간이 필요하기 때문에 객관식 평가 방식이 보다 효율적이라는 것도 맞는 얘기다. 하지만 과연 객관식 평가 방식으로 개별 학생들의 학습 수준을 얼마나 자세히 들여다볼 수 있는지는 여전히 의문이다. 객관식 학력 진단 평가는 학교 간 서열을 정하는 기준으로도 사용되는 것이 문제였다. 학교는 학생들의 실질적인 이해도나 숙련도보다는 학생들이 평가에서 좋은 점수를 받아 학교의 순위를 올리는 데 집중했다. 학생들 역시 개인의 학습 성취가 아니라 정해진 시간에 최대한 많은 문제의 답을 맞히는 것이 목표였다.

또한 객관식 평가 방식은 단편적인 지식은 평가할 수 있어도 수업에 대한 깊이 있는 이해는 평가할 수 없다는 한계가 있다. 예를 들어 철수와 영희가 객관식 시험을 봤는데 시험 과목은 국어, 영어, 수학, 과학, 사회 등 5과목이라고 해보자. 철수는 전 과목에서 90점을 받았고 영희는 수학만 100점 만점을 받고 다른 과목은 80점을 받았다. 철수는 총점 450점, 평균 90점이고 영희는 총점 420점, 평균 84점이므로 철수의 학력이 영희보다 우수한 것으로 보인다. 하지만 다음과 같은 사실을 고려하면 이야기는 전혀 달라진다. 철수는 수학을 너무 싫어해 시험 때마다 문제를 풀지 않고 찍어서 답을 맞히는 학생이다. 영희는 수학을 너무 좋아해 각종 수학 경시대회에서 수상한 경력도 있지만 다른 과목에 대한 관심은 낮은 학생이다. 철수는 이번 수학 시험에서는 운 좋게도 높은 성적을 받을 수 있었지만 평상시에는 50점 정도를 받았다. 그렇다면 앞에서 예로 든 객관식 시험 결과만 보고 철수의 학력이 영희보다 우수하다고 말할 수 있는 걸까? 철수와 영희가 본 객관식 시험이 대학 입학을 결정하는 수학능력시험이었다면 시험 당일 운이 좋았던 철수는 합

Attendance By Class																							
Exp	Last Week					This Week					Course	Q1	Q2	T1	E1	Y1	Q3	Q4	T2	E2	Absences	Tardies
	M	T	W	H	F	M	T	W	H	F												
ATT(B-T)											Attendance Email Torkornoo, Louis E - Rm: B-6	[i]	[i]	[i]	[i]	[i]	[i]	[i]	[i]	[i]	3	0
1(B-T)											HON Algebra 1 Email Torkornoo, Louis E - Rm: B-6	A 101	A 95	A 96	A 90	A 95	A 93	[i]	A 93	[i]	3	0
CHO(B-T)											Homeroom 7 Email Stillwell, Sarah E - Rm: B-5	[i]	[i]	[i]	[i]	[i]	[i]	[i]	[i]	[i]	3	0
2a7(B)	-	-			-	-	-	-	-	-	Digital Media Communication 7 Email Percival, Erin - Rm: D-5	A 100	A 100	A 100	[i]	A 100					1	0
2a7(B)	.				.		.		.		Engineering/Technology 7 Email Percival, Erin - Rm: D-5					A 98	A 98	[i]	A 98	[i]	0	0
2a7(T)		.				.		.		.	PE 7 Email Shiflett, Carlee U - Rm: GYM	A 100	A 100	A 100	[i]	A 100	A 100	[i]	A 100	[i]	2	0
2b7(B)	.				.		.		.		Band 7 Email Gregg, Robert D - Rm: E-8	A 100	A 100	A 100	[i]	A 99	A 98	[i]	A 98	[i]	1	0
2b7(T)		.				.		.		.	Health 7 Email Shiflett, Carlee U - Rm: E-3	A 100	A 96	A 98	[i]	A 98	A 98	[i]	A 98	[i]	2	0
3a-3b(B-T)											Lang Arts 7 Adv/Hon Email Matriccino, Jeffrey L - Rm: B-11	A 95	A 93	A 94	[i]	A 93	A 92	[i]	A 92	[i]	6	0
4a-4b(B)	.				.		.		.		Science 7 Life Science Email Stillwell, Sarah E - Rm: B-5	A 95	A 96	A 96	[i]	B 89	B 82	[i]	B 82	[i]	2	0
4a-4b(T)		.				.		.		.	HSS US History II Gr 7 Email Benham, Rachel M - Rm: B-7	A 90	A 98	A 94	[i]	A 93	A 92	[i]	A 92	[i]	4	0
																			Attendance Totals		27	0

미국 중학교 성적표 사례

격하고 평소 철수보다 학력이 상대적으로 우수했던 영희는 떨어질 수도 있다. 물론 객관식 평가 방식의 문제점을 제시하기 위해 조금은 극단적인 예를 들어보았다. 하지만 대학에서 객관식 평가의 결과가 아니라 학생들이 초중고 12년 동안 꾸준히 개발해온 역량을 토대로 학생들을 선발한다고 가정해보자. 철수와 영희 모두 자기의 개성과 관심에 맞는 학과에 입학해서 보다 깊이 있는 학습을 할 수 있을 것이다.

한편 객관식 평가 방식이 만들어낸 점수 위주의 사고방식으로 인해 학습 자체보다 시험 점수가 더 중요해졌다. 미국 대학생들은 수업을 듣다 궁금한 점이 있으면 일종의 면담 시간인 오피스 아워

(Office hour)에 교수를 만나 질문도 하고 얘기도 나눈다. 그런데 필자가 오피스 아워를 갖다 보면 대부분의 학생들은 수업과 관련된 심도 깊은 내용이 아니라 시험 성적이나 퀴즈 점수에 대한 불만을 얘기한다. 수업에서 내가 어떤 내용을 이해하고 배웠는지가 아니라 내가 어떤 점수를 받았는지가 중요하다. 즉 학습보다 점수가 중요한 것이다. 따라서 점수가 아니라 학습을 중시하는 교육의 본질을 다시 찾기 위해 객관식 평가 방식이나 객관식 학력 진단 평가 등을 재검토해야 한다. 또한 현행 성적 중심 평가 방식은 그대로 유지한 채 객관식 평가 방식과 학력 진단 평가만 지양한다고 해서 교육의 본질에 대한 문제가 해결되는 것은 아니다. 그러므로 4차 산업혁명 시대에 맞는 새로운 교육법인 역량 중심 교육에 대한 논의도 동시에 진행되어야 한다.

사람 중심의 시대, 사람 중심의 교육

4차 산업혁명이란 말이 우리의 일상생활 속으로 깊숙이 들어와 널리 알려지게 된 계기는 지난 2016년 1월로 거슬러 올라간다. 스위스 다보스에서 매년 열리는 세계경제포럼에서 클라우스 슈바프(Klaus Schwab) 회장이 4차 산업혁명 시대의 도래를 선포한 것이다. 미국, 영국, 독일, 프랑스 등 주요 선진국의 일자리 중 무려 710만 개가 2020년이면 인공지능을 장착한 로봇들로 인해 역사 속으로 사라진다고 전망하자 전 세계는 큰 충격에 휩싸였다.

4차 산업혁명 시대에서 우위를 차지하기 위해 각국 정부는 자국의 강점을 최대한 살린 정책들을 경쟁적으로 쏟아냈다. 독일은 전통적인 제조업 강국답게 '인더스트리 4.0(Industry 4.0)' 정책을 기반으로 인공지능, 빅데이터, 사물 인터넷, 로봇 기술을 활용한 스마트 공장 구축에 집중하고 있다. 미국은 4차 산업혁명의 키워드 중 하나인 빅데이터 산업의 육성을 위해 '브레인 이니셔티브(Brain Initiative)' 정책을 발표하고 클라우드 컴퓨팅 인프라 구축과 인공지능 기초연구 분야에 10년간 총 30억 달러를 투자하기로 했다. 1차 산업혁명의 발상지인 영국은 고가치 제조 전략(High Value Manufacturing Strategy)을 기조로 삼고 컴퓨터, 전자, 의약, 화학 등 성장 가능성이 높은 4차 산업혁명의 주요 기술 분야에 집중적으로 투자하고 있다. 저렴한 노동력과 향상된 기술력을 바탕으로 신흥 제조 대국으로 성장한 중국은 '중국제조 2025' 전략을 수립하고 향후 30년간 신세대 정보 기술, 최첨단 디지털 제어장치와 로봇, 스마트 제조 공정, 공업 기반 강화 공정, 녹색 제조 공정, 고급 장비 혁신 공정 분야에 정책적인 지원을 강화하기로 했다. 이에 뒤질세라 한국도 2017년 10월 '4차 산업혁명위원회'를 공식 출범시켰다. '혁신 친화적 창업 국가'라는 모토 아래 자유로운 창업, 공정한 경쟁을 통한 지속 가능한 성장과 창의적 아이디어 및 지능화 기술을 접목해 경쟁력을 강화하는 방안을 모색하고 있다.

세계경제포럼의 클라우스 슈바프 회장이 2015년 12월 미국의 국제 정세 전문 잡지 「포린 어페어스(Foreign Affairs)」에 기고한 글에 따르면, 4차 산업혁명은 물리적(Physical) 영역, 디지털(Digital) 영역, 생물학(Biological) 영역의 경계가 허물어지는 융복합 산업혁명으로 정의된다. 따라서 당장 인공지능, 빅데이터, 사물 인터넷, 로봇 기술, 가상현실, 증강현실, 3D 프린팅 등 4차 산업혁명을 대표하는 기술의 개발에 전념하는 것만 중요해 보인다. 하지만 4차 산업혁명 시대는 사람의 지위가 향상되고 사람들이 더욱 긴밀히 연결되며 사람의 비판적 사고와 창의력으로 복합 문제를 해결해나가는 사람 중심의 시대

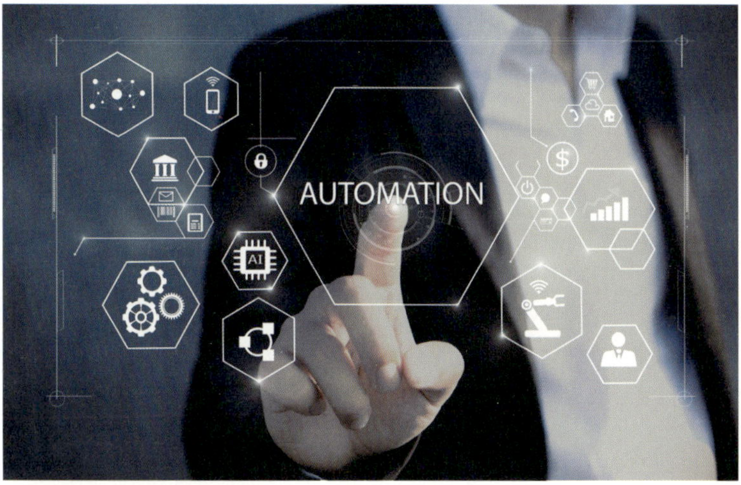

© Shutterstock

사람이 중심인 4차 산업혁명 시대

다. 즉 사람과 기술, 과학과 인문학이 함께 조화를 이루는 융복합이 바로 4차 산업혁명의 본질이다. 따라서 4차 산업혁명 시대의 핵심 역량을 갖춘 인재를 양성할 수 있도록 교육이 변화되어야만 4차 산업혁명을 선도할 수 있을 것이다.

클라우스 슈바프 회장이 4차 산업혁명의 도래를 선포하면서 강조한 건 그 시대의 핵심이 기계가 아니라 사람이라는 점이다. 기업을 대상으로 빅데이터 분석 서비스를 제공하는 '업테이크 테크놀로지(Uptake Technologies)'의 브래드 키웰(Brad Keywell) 회장 역시 2017년 6월 세계경제포럼에 기고한 글을 통해 기계의 부상이 아니라 사람의 지위와 역량 강화가 4차 산업혁명의 핵심이라고 말했다. 중국 최대 전자 상거래 업체인 알리바바 그룹의 마윈 회장은 2017년 5월 중국

구이저우 성에서 열린 빅데이터 박람회에서 지금과 같은 주입식 교육을 계속한다면 앞으로 30년 후에 아이들은 아무런 직업도 찾지 못할 것이라며 교육의 변화를 강조했다.

그렇다면 4차 산업혁명 시대가 요구하는 핵심 역량은 무엇이고 이를 갖춘 인재의 양성을 위해서 교육은 어떤 방향으로 변화해야 할까? 세계경제포럼은 미국 노동부의 직업정보네트워크에서 정리한 직업 관련 주요 역량을 토대로 4차 산업혁명 시대의 인재가 갖춰야 할 10대 핵심 역량을 제시했다. 복합 문제 해결 능력, 비판적 사고 능력, 창의력, 인적자원 관리 능력, 협업 능력, 감성 능력, 판단 및 의사 결정 능력, 서비스 지향성, 협상 능력, 인지적 유연성 등이 그 역량들이다.

이들 역량은 다음과 같이 정의할 수 있다. 복합 문제 해결 능력은 복잡한 현실 세계 상황에서 발생할 수 있는 새롭고 불분명한 문제를 해결하는 능력이다. 비판적 사고 능력은 논리와 추론을 이용해 주어진 문제에 대한 다양한 해결 방안이나 문제 접근 방식들의 장단점을 비교 분석할 수 있는 능력을 말한다. 창의력은 일정한 주제나 상황이 주어졌을 때 기발한 아이디어를 도출해내거나 문제를 해결하는 과정에서 창의적 방법을 제안하는 능력이고, 인적자원 관리 능력은 특정 업무에 가장 잘 맞는 사람을 선별하고 동기부여와 체계적이고 효율적인 관리를 통해 최대의 업무 성과를 거둘 수 있도록 관리하는 능력이다.

다음으로 협업 능력은 상대방의 행동에 따라 자신의 행동을 조절

4차 산업혁명 시대에 요구되는 10대 역량

	역량	설명
1	복합 문제 해결 능력	복잡한 현실 세계 상황에서 발생할 수 있는 새롭고 불분명한 문제를 해결하는 능력
2	비판적 사고 능력	논리와 추론을 이용해 주어진 문제에 대한 다양한 해결 방안이나 문제 접근 방식들의 장단점을 비교 분석할 수 있는 능력
3	창의력	일정한 주제나 상황이 주어졌을 때 기발한 아이디어를 도출해내거나 문제를 해결하는 과정에서 창의적 방법을 제안하는 능력
4	인적자원 관리 능력	특정 업무에 가장 잘 맞는 사람을 선별하고 동기부여와 체계적이고 효율적인 관리를 통해 최대의 업무 성과를 거둘 수 있도록 관리하는 능력
5	협업 능력	상대방의 행동에 따라 자신의 행동을 조절하는 능력
6	감성 능력	상대방의 반응을 인지하고 상대방이 왜 그렇게 반응했는지를 이해하는 능력
7	판단 및 의사 결정 능력	특정 상황이나 문제에 대한 비용과 이익을 분석해 가장 합리적인 판단과 결정을 내릴 수 있는 능력
8	서비스 지향성	남을 돕기 위해 적극적으로 방법을 모색하는 능력
9	협상 능력	생각이나 이익에서 차이를 보이는 당사자들을 한자리에 모아 그 차이를 줄이기 위해 노력하는 능력
10	인지적 유연성	여러 일을 다양한 방법으로 재배열하고 재구성하기 위해 다양한 종류의 규칙이나 원리를 적용할 수 있는 능력

하는 능력을 말하며, 감성 능력은 상대방의 반응을 인지하고 상대방이 왜 그렇게 반응했는지를 이해하는 능력이다. 판단 및 의사 결정 능력은 특정 상황이나 문제에 대한 비용과 이익을 분석해 가장 합리적인 판단과 결정을 내릴 수 있는 능력으로 정의하며, 서비스 지향성은 남을 돕기 위해 적극적으로 방법을 모색하는 능력을 의미한다. 협상 능력은 생각이나 이익에서 차이를 보이는 당사자들을 한자리에 모아 그 차이를 줄이기 위해 노력하는 능력이며, 인지적 유연성은 여러 일을 다양한 방법으로 재배열하고 재구성하기 위해 다양한 종류의 규칙이나 원리를 적용할 수 있는 능력을 말한다.

종합해보면 4차 산업혁명 시대에 요구되는 10대 핵심 역량은 주로 사회적 기술과 인지적 능력들로 구성되어 있음을 알 수 있다. 미국 노동부 직업정보네트워크의 직업 관련 주요 역량 중 협업 능력과 감성 능력, 서비스 지향성과 협상 능력은 사회적 기술(Social Skills) 영역에 속하고 창의력과 인지적 유연성은 인지적 능력(Cognitive Abilities) 영역에 속하기 때문이다. 10대 핵심 역량 중 6개의 역량이 사회적 기술과 인지적 능력 영역에 속한다는 건 시사하는 바가 크다. 즉 4차 산업혁명 시대는 비판적 사고와 함께 사회적 기술과 인지적 능력을 토대로 복합 문제를 다양한 방식으로 해결할 수 있는 융복합형 인재를 요구한다는 것이다. 그런데 비판적 사고나 사회적 기술, 인지적 능력 등은 강의실에 앉아서 수동적으로 수업을 듣고 배운 내용을 암기해서 평가를 받는 방식으로는 향상되기 어렵다. 결국 4차 산업혁명 시대에 맞는 인재의 양성을 위해서는 새로운 교육 방식의 적용이 필요하다. 역량 중심 성적표 컨소시엄은 바로 이 문제를 해결하기 위한 방안 중 하나로 역량 중심 성적표를 도입하게 된 것이다.

4차 산업혁명의 10대 역량과 역량 중심 성적표의 8대 역량

그렇다면 4차 산업혁명 시대의 인재들에게 요구되는 10대 역량과 역량 중심 성적표에서 제시한 8대 역량은 비슷한 내용이거나 같은 맥락하에 연결되는 내용일까, 아니면 전혀 다른 2가지 종류의 역량들일까? 얼핏 보면 역량 중심 성적표의 분석적이고 창의적인 사고는 4차 산업혁명의 비판적 사고 능력과 창의력하고 비슷한 것 같은데 나머지 복합적 의사소통이나 리더십과 팀워크, 디지털/양적 리터러시나 세계적 시각, 적응력/진취성/모험 정신, 진실성과 윤리적 의사 결정, 마음의 습관/사고방식 등은 10대 역량과의 연결 고리가 잘 보이지 않는다. 하지만 역량 중심 성적표의 8대 역량별 하위 역량들을 토대로 비교해보면 4차 산업혁명의 10대 역량과 매우 잘 연결되어 있다는 것을 알 수 있다.

분석적이고 창의적인 사고

분석적이고 창의적인 사고의 12가지 하위 역량 중 1a. 복합 문제를 파악하고 관리하고 처리하는 능력, 1b. 편견이나 선입견을 간파하고 신뢰할 수 있는 정보와 불확실한 정보를 구별하는 능력, 1f. 시

4차 산업혁명의 10대 역량	역량 중심 성적표의 8대 역량 1 분석적이고 창의적인 사고	2 복합적 의사소통	3 리더십과 팀워크
1 복합 문제 해결 능력	1a, 1b, 1f, 1i		
2 비판적 사고 능력	1c		
3 창의력	1e, 1g, 1k, 1l		3a
4 인적자원 관리 능력			3b, 3e, 3f
5 협업 능력		2b, 2c, 2d, 2e	3g, 3i
6 감성 능력		2f	3c
7 판단 및 의사 결정 능력			3h
8 서비스 지향성			
9 협상 능력			3d
10 인지적 유연성	1d, 1h, 1j	2a	

4차 산업혁명 10대 역량과 역량 중심 성적표 8대 역량의 관계

행착오를 겪으면서도 문제에 대한 해결책을 고안하고 테스트하는 능력, 1i. 지속적인 추론을 해나가는 능력은 4차 산업혁명의 10대 역량 중 복합 문제 해결 능력에 속한다. 다음으로 1e. 아이디어나 지식을 분석하고 창조하는 능력, 1g. 다양한 대체 방법을 생각해내는 능력, 1k. 정해진 룰이나 규칙을 통해서는 해결책을 찾을 수 없는 새로운 문제를 해결하는 능력, 1l. 복합적인 현실 세계 문제들을

역량 중심 성적표의 8대 역량				
4 디지털/ 양적 리터러시	5 세계적 시각	6 적응력/진취성/ 모험 정신	7 진실성과 윤리적 의사 결정	8 마음의 습관/ 사고방식
		6b, 6c		8d, 8e
4d	5e		7e	
4b, 4c		6f		8b
				8f, 8g, 8h
	5g			
	5a, 5b, 5d		7a	8a
			7f	
		6g	7b, 7c, 7d	
4a, 4e	5c, 5f, 5h	6a, 6d, 6e		8c

해결하기 위해 지식이나 창의력을 이용하는 능력 등은 4차 산업혁명의 창의력에 해당한다. 한편 1d. 의미 있는 질문을 도출하는 능력, 1h. 한 분야에 국한되지 않고 여러 분야에 걸치는 지식과 시각을 발전시키는 능력, 1j. 여러 가지를 한 가지로 합치거나 새로운 용도와 상황에 맞게 맞추고 조정하는 능력은 4차 산업혁명의 인지적 유연성에 포함되고, 1c. 정보의 홍수 속에서 양질의 정보를 찾아내

는 능력은 4차 산업혁명의 비판적 사고 능력에 속한다.

복합적 의사소통

복합적 의사소통의 6가지 하위 역량 중 2b. 다양한 청중이나 독자들과 명확하게 의사소통하는 능력, 2c. 집중해서 경청하는 능력, 2d. 효과적으로 조리 있게 말하는 능력, 2e. 독자들의 다양성을 고려해서 간결하면서도 명확하게 글을 쓰는 능력은 4차 산업혁명의 10대 역량 중 협업 능력에 포함된다. 그리고 2a. 두 가지 이상의 언어로 이해하고 표현할 수 있는 능력은 인지적 유연성에, 2f. 정보를 설명하고 다른 사람들이 푹 빠져들 정도로 흥미롭게 설득하는 능력은 감성 능력에 속한다.

리더십과 팀워크

리더십과 팀워크의 9가지 하위 역량들도 4차 산업혁명의 10대 역량과 잘 연결된다. 3a. 새로운 아이디어를 처음으로 생각해내고 제시하는 능력은 4차 산업혁명의 창의력과, 3c. 신뢰를 쌓고 갈등을 해소하며 다른 사람들을 위해 힘을 보태는 능력은 감성 능력과 관련 있다. 3b. 지시나 명령, 권위 등을 이용해 사람들을 이끄는 것이 아니라 사람들에게 영향을 미쳐 스스로 따라오게 하는 능력과 3e. 가르치고 지도하고 상담하는 능력, 3f. 남의 협력을 얻거나 도움을 구하는 능력은 넓은 의미에서 4차 산업혁명의 인적자원 관리 능력에 속하며, 3d. 그룹 토론이나 토의를 촉진하고 의견 일치를 이끌어내며 결과에 대해 협상하는 능력은 협상 능력에 포함된다. 3g. 업무를 위해 협력하고 그룹을 관리하며 책임을 위임하는 능력과 3i. 성과를 거두었을 때 공로를 함께 나누는 능력은 모두 협업 능력에 연결되며, 3h. 결정을 실행하고 목표를 이루는 능력은 판단 및 의사결정 능력에 속한다.

디지털/양적 리터러시

디지털/양적 리터러시의 5가지 하위 역량 중 4a. 디지털 테크놀로지를 이해하고 이용하고 적용하는 능력과 4e. 수학, 과학, 테크놀로지, 환경과학, 로보틱스, 기하학, 셀룰러 오토마타, 나노 테크놀로지, 바이오 테크놀로지 등 전통적이거나 최근 새롭게 부각된 분야에 대해 이해하는 능력은 4차 산업혁명의 10대 역량 중 인지적 유연성과 연결된다. 한편 4b. 디지털 지식과 미디어를 창조하는 능력과 4c. 다양한 형식으로 자신의 아이디어를 효과적으로 전달하기 위해 멀티미디어 자원을 활용하는 능력은 창의력에 속하며, 4d. 고등수학을 숙달하고 이용하는 능력은 넓은 의미에서 비판적 사고 능력에 포함된다.

세계적 시각

세계적 시각의 8가지 하위 역량 중 5a. 다른 사람의 전통이나 가치에 대해 열린 사고를 발달시키는 능력, 5b. 다른 지역의 역사, 정치, 종교, 문화에 대해 이해하는 능력, 5d. 지구촌 곳곳의 사람들이나 일들을 연결하기 위한 테크놀로지 활용 능력 등 3가지 역량은 4차 산업혁명의 10대 역량 중 상대방에 대한 공감 능력을 의미하는 감성 능력에 연결된다. 다음으로 5c. 전 세계적으로 통용되는 국제어 중 한 가지 이상 쓸 수 있는 능력, 5f. 글로벌 이슈들을 제대로 이해하고 다루기 위해 의사소통 능력, 협동 능력, 비판적 사고 능력, 창의력 등과 같은 21세기 핵심 역량을 활용하는 능력, 5h. 다양한 아이디어를 창출하고 일을 성취하기 위해 사회적, 문화적 차이를 이용하는 능력은 넓은 의미에서 4차 산업혁명의 인지적 유연성에 속한다. 한편 5e. 다양한 문화를 넘나들며 정보를 효과적으로 탐색하는 사회적, 지적 능력은 비판적 사고 능력과, 5g. 상호 존중과 열린 대화를 통해 다양한 문화나 종교, 라이프 스타일을 가진 사람들로부터 배움을 얻고 함께 협업하는 능력은 협업 능력과 연결된다.

적응력/진취성/모험 정신

적응력/진취성/모험 정신의 7가지 하위 역량 중 6a. 유연성, 민첩성, 적응력을 키우는 능력과 6d. 애매모호한 상황이나 우선순위가 변경되는 상황에서도 효과적으로 일하는 능력, 6e. 실패를 교훈으로 여길 수 있고, 혁신은 잦은 실패와 작은 성공으로 이뤄진다는 것을 받아들일 수 있는 능력 등은 4차 산업혁명의 인지적 유연성에 속하며, 6b. 익숙하지 않은 상황에 도전하는 능력과 6c. 탐구하고 실험하는 능력은 복합 문제 해결 능력에 연결된다. 6f. 새로운 역할이나 아이디어, 전략을 모색하는 자주적 독립심을 개발하는 능력은 4

차 산업혁명의 10대 역량 중 창의력에, 6g. 창업을 하고 기업을 운영하는 데 필요한 지식과 역량을 개발하는 능력은 넓은 의미에서 서비스 지향성에 포함된다.

진실성과 윤리적 의사 결정

진실성과 윤리적 의사 결정의 6가지 하위 역량 중 7b. 진실성, 정직성, 공정성, 존경심을 함양하는 능력, 7c. 부당한 상황에 마주쳤을 때 도덕적 용기를 표출하는 능력, 7d. 보다 큰 공동체의 이익과 행복을 위해 책임감 있게 행동하는 능력은 4차 산업혁명의 10대 역량 중 남을 돕기 위해 적극적으로 방법을 모색하는 능력을 의미하는 서비스 지향성과 연결된다. 다음으로 7a. 공감하고 이해하는 관점을 지속하는 능력은 감성 능력에, 7e. 뉴미디어나 뉴테크놀로지에 대한 윤리적 이슈나 딜레마에 대해 본질적으로 이해하는 능력은 비판적 사고 능력에, 7f. 복합 문제에 대해 합리적이고 윤리적인 결정을 내리는 능력은 판단 및 의사 결정 능력에 속한다.

마음의 습관/사고방식

마음의 습관/사고방식의 8가지 하위 역량도 4차 산업혁명의 10대 역량과 잘 어울린다. 8f. 자기 효능감과 8g. 스트레스 관리 능력, 8h. 시간 관리 능력은 모두 4차 산업혁명의 인적자원 관리 능력에 속한다. 8d. 회복력/탄력성과 8e. 끈기/인내심은 넓은 의미에서 복합 문제 해결 능력과 연결된다. 8a. 성실성은 감성 능력에, 8b. 창의력은 창의력에, 8c. 배움과 호기심을 즐기는 마음은 인지적 유연성에 각각 포함된다.

역량 중심 교육, 4차 산업혁명 시대에 맞는 새로운 교육 방식

지금까지 살펴본 바와 같이 4차 산업혁명 시대의 인재들에게 요구되는 10대 역량과 역량 중심 성적표의 8대 역량은 잘 연결되어 있다. 따라서 역량 중심 성적표의 도입은 4차 산업혁명 시대의 인재를 양성하는 새로운 교육 방식 중 하나가 될 수 있다. 그런데 역량 중심 성적표가 제대로 시행되기 위해서는 역량 중심 교육(Competency-based education)이 이뤄져야 하는데 역량 중심 교육에는 몇 가지 기본 원칙이 있다.

학습자 중심

학습자 중심의 수업이 설계되고 운영되어야 한다. 학습자 중심의 수업이란 학습자가 자신의 관심과 흥미에 맞게 스스로 수업의 주제를 정하고 학습 목표를 설정하는 수업 방식을 말한다. 역량 중심 교육에서 학습의 주체는 바로 학생이다. 역량 중심 교육을 받는 학생은 교실에 앉아서 선생님이 가르쳐주는 수업 내용을 수동적으로 받아 적고 암기하지 않는다. 스스로 배우고 싶은 내용을 선택하고 자신의 수준에 맞게 정한 학습 목표에 따라 가장 효과적이고 효율적인 학습 방법을 세운다. 물론 역량 중심 교육에서도 선생님의 강의

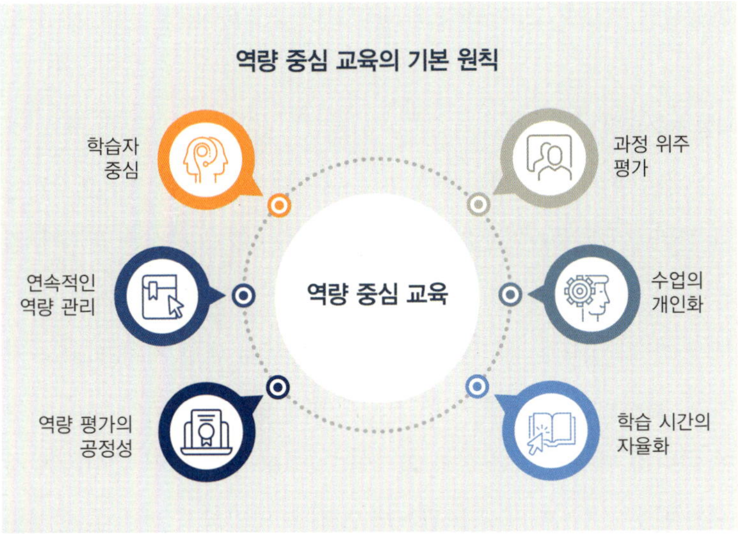

를 듣는 경우가 있다. 하지만 정해진 학사 일정에 따라 의무적으로 듣는 것이 아니라 자신의 학습 목표를 성취하는 데 가장 적합한 방법이라고 판단한 경우에 듣는 것이다. 학생들은 무료 온라인 강좌인 무크를 수강하기도 하고 친구들과 그룹 프로젝트를 수행하며 각자가 조사한 내용을 공유하기도 한다. 또한 필요한 경우 대학이나 연구소 등에서 일정 기간 동안 인턴십을 하면서 관련 지식을 쌓고 실제 연구에 활용해보기도 한다. 하지만 학습의 주체가 학생이 된다고 해서 선생님의 중요성이나 필요성이 없어지는 것은 아니다. 선생님은 일방적으로 지식을 전달하고 평가하던 역할에서 벗어나 학생들의 학습 과정에 동참하면서 학생들이 보다 나은 학습경험을 가질 수 있도록 조력하는 역할을 한다. 따라서 역량 중심 교육에서 선생님의 역할은 그 어떤 교육 방식보다 중요하다.

과정 위주 평가

결과 위주의 평가 방식에서 과정 위주의 평가 방식으로 변경되어야 한다. 현재 우리가 일반적으로 사용하는 평가 방식은 결과에 집중한다. 중간고사든 기말고사든 일회성 시험을 정해진 시간 동안 보게 한 뒤 점수를 매기면 끝이다. 그 이후에 대한 처치가 없는 것이다. 하지만 과정 위주의 평가 방식에서 평가는 결과에 대한 측정이 아니라 과정에 대한 현황 파악이다. 예를 들어 어떤 학생이 방정식을 배우고 난 후 시험을 봤는데 70점을 맞았다고 해보자. 선생님과 학생은 어떤 부분이 이해가 안 갔는지, 아는 내용이지만 실수로 틀린 건 없는지 등 시험 결과에 대한 얘기를 나누고 다음번 평가에서 100점을 받을 수 있는 학습 계획을 세운다. 즉 역량 중심 교육에서 평가는 학습의 끝이 아니라 시작인 것이다. 평가를 통해 학생들은 학습의 현재 상황을 파악하는 기회를 갖고 학습 목표를 성취하기 위한 학습 방법을 결정하게 된다. 방정식 시험에서 70점을 받은 것보다 받지 못한 30점에 초점을 맞추고 방정식에 대한 이해도와 숙련도를 향상시키는 것이 평가의 목적이라는 것이다. 한편 역량 중심 교육에서는 시험뿐만 아니라 프로젝트 수행 결과 보고나 발표, 개인의 학습 진행 상황에 대한 상담, 대학이나 기관에서 인턴십을 하며 받은 피드백 등도 모두 평가로 활용될 수 있다.

수업의 개인화

수업의 개인화가 이뤄져야 한다. 수업의 개인화는 교실 수업을 완전히 지양하고 마치 개인 과외수업처럼 학생과 교사가 일대일로 수업을 진행해야 한다는 것이 아니다. 한 수업에 10명이 있든 20명이 있든 상관없이 개별 학생마다 스스로 정한 학습 목표를 달성해 가는 과정이 진행되어야 한다는 것이다. 수업의 개인화가 제대로 이뤄지면 획일적인 성적 위주의 평가도 의미가 없게 되고 다른 학생의 답안지를 훔쳐보는 부정행위도 없어지게 된다. 왜냐하면 개별 학생마다 각각 다른 학습 목표를 성취해가는 과정에 대한 평가가 진행되기 때문이다. 국제 관계에 대한 수업을 예로 들어보자. 우선 선생님은 학급 전체 학생들을 대상으로 국제 관계가 무엇이고 오늘날 왜 중요하며 역사상 어떤 주요 관련 사건들이 있었는지 알려준다. 선생님의 설명을 들은 뒤 학생들은 각자 자기의 관심과 흥미에 맞춰 하나의 나라를 고른 다음 그 국가를 둘러싼 국제 관계를 학습 목표로 정하고 학습을 진행한다. 한국을 살펴보기로 했다면 남북 관계나 미국, 일본, 중국, 러시아의 이해관계에서 특히 어떤 부분을 학습할 것인지 선생님과 상의한다. 그러고는 온라인 검색이든 유튜브 동영상 시청이든 무크 수강이든 다양한 방법으로 필요한 정보를 수집하며 학습을 진행한다. 또한 학습 과정에서 배운 내용을 선생님에게 제출하고 피드백을 통해 학습의 범위를 좁히거나 확장하기도 한다. 만약 학기 말에 모의 유엔을 개최하면 학생들은 각자 자기가 학습한 국가의 유엔 대표가 되어 국제 문제를 서로 논의하는 경험도 할 수 있다. 이렇게 수업의 개인화가 이뤄지면 모든 학생들에게 똑같은 질문을 묻는 획일화된 시험을 볼 필요도 없고 그런 시험을 통해서 평가할 내용도 없어진다. 즉 수업의 개인화는 다른 학생들과 비교할 필요 없이 자신의 학습에만 집중하면 되는 학습 환경을 제공하는 것이다.

학습 시간의 자율화

학습 시간의 자율화가 기반이 되어야 한다. 오늘날 일반적으로 한 시간 수업이라고 하면 누가 따로 부연 설명하지 않아도 50분 수업을 하고 10분 쉬는 걸 의미한다. 그런데 재미있게도 50분 수업의 기원을 찾다 보면 정신분석학을 정립한 오스트리아의 의학자인 지그문트 프로이트(Sigmund Freud)가 나온다. 병원에서 진료한 환자들의 숫자에 비례해서 급여를 받던 프로이트는 보다 효율적으로 진료 시간을 관리하기 위해 50분 진료를 한 시간 진료로 부르기 시작했다. 그리고 시간이 지나면서 학교 수업에서도 이를 활용한 것이다. 이 이야기를 통해서 알 수 있듯이 50분 수업하고 10분 쉬는 방식은 학습에 효과적이기 때문에 적용된 방식이 아니다. 깊이 몰입해서 책을 읽거나 선생님의 설명에 재미를 느껴 푹 빠져 있을 때 50분이 지났다는 종이 울리면 한순간에 집중과 몰입이 확 깨져버린다. 따라서 역량 중심 교육에서는 학습 시간을 따로 정하지 않아야 한다. 자신의 학습 목표에 따라, 집중하거나 몰입하는 정도에 따라 학습 시간은 10분도 될 수 있고 2시간이나 3시간도 될 수 있어야 하는 것이다. 역량 중심 교육에서 학습의 주체는 교사가 아니라 학생이다. 따라서 학사 일정이 아닌 학생의 학습 진행 상황에 맞춰 학습 시간을 자율적으로 정하는 유연성이 보장되어야 한다. 그래야만 최대한의 학습 효과를 거둘 수 있다.

역량 평가의 공정성

역량 평가의 공정성이 보장되어야 한다. 시험 결과에 따라 명확한 점수를 보여주는 성적 중심 평가에 비해 역량 중심 평가는 정성 평가적인 면이 커서 자칫 교사의 주관에 따라 불공정한 평가 결과를 도출할 수 있는 위험이 있다. 따라서 역량 평가의 공정성을 확보하기 위한 교사 교육은 역량 중심 교육을 시행하기 전에 반드시 선행되어야 하는 필수 사항이다. 또한 한 학생의 학습 진행 결과를 여러 교사들이 동시에 평가하고 그 결과를 비교함으로써 역량 중심 평가의 신뢰도와 공정성을 유지해야 한다. 그런데 공정한 역량 중심 평가를 위한 교사 교육은 시간과 비용이 많이 드는 일이다. 그러므로 교사 교육의 실시가 어려운 경우에는 역량 평가 기준을 만들어서 사용하는 것도 공정성을 확보하는 데 도움이 된다.

연속적인 역량 관리

지속적이고 연속적인 역량 관리가 진행되어야 한다. 특정 내용을 배우고 암기해서 치르는 시험의 성적은 단기간에 끌어올릴 수 있다. 밤을 새워 공부하며 학습 시간을 늘리거나 필기장을 정리하며 선생님이 강조한 부분을 공부할 수 있다. 문제 유형을 파악해 반복적으로 풀어볼 수도 있다. 하지만 역량을 단기간에 향상시키는 것은 현실적으로 어렵다. 게다가 그건 역량 중심 교육의 목적도 아니다. 역량 관리를 지속적이고 연속적으로 진행하는 것이 바로 역량 중심 교육이 추구하는 방향이다. 4차 산업혁명 시대의 10대 역량도, 역량 중심 성적표의 8대 역량도 하나같이 지속적이고 연속적인 역량 관리를 전제로 한다. 비판적 사고 능력이나 창의력을 한번 생각해보자. 학교에서 비판적 사고 능력이나 창의력 관련 수업을 하나 들었다고 그 역량들이 한 학기 만에 크게 향상될까? 물론 좋은 수업이나 학습활동을 통해 비판적 사고 능력이나 창의력을 강화할 수는 있다. 하지만 다른 수업이나 학습활동을 더 이상 안 해도 될 정도로 비판적 사고 능력이나 창의력을 완전히 키울 수는 없다. 따라서 역량 중심 교육을 진행하기 위해서는 개별 학생들의 역량을 지속적이고 연속적으로 관리하는 계획을 먼저 수립해야 한다.

PART 3

역량 중심 교육은 어떻게 하는가?

티칭에서 코칭으로

앞에서 우린 최근 미국에서 도입하려고 하는 역량 중심 성적표에 대해 알아봤다. 기존의 성적 중심 성적표가 아닌 새로운 역량 중심 성적표는 어떻게 생겼고 어떤 역량을 무슨 기준으로 평가하며 어떤 변화를 교육에 가져오게 될 것인지 살펴봤다. 또한 학창 시절 늘 함께해 익숙한 공교육 시스템이나 객관식 시험의 기원과 문제점을 짚어보고 왜 4차 산업혁명 시대에는 새로운 교육 방식이 필요한지 알아봤다. 그런데 역량이 무엇이길래 4차 산업혁명 시대에 중요하다고 하는 걸까? 역량을 강화하기 위해서는 역량 중심 교육을 해야 한다고 하는데 역량 중심 교육이란 건 어떻게 하는 걸까? 이번 장에서는 역량과 역량 중심 교육에 대해 자세히 살펴보자.

역량은 영어로 Competency라고 한다. 그런데 역량을 의미하는 말을 찾다 보면 Competence(능숙, 숙련)라는 단어도 나온다. 그리고 Competency와 Competence는 상호 교환해서 사용이 가능하다는 설명을 볼 수 있다. 더군다나 두 단어 모두 '역할을 맡다'라는 뜻의

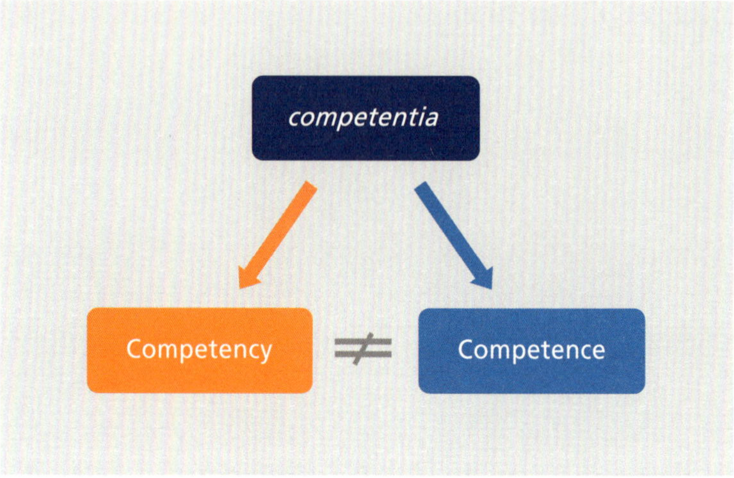

라틴어 *competentia*에서 유래했다. 따라서 Competence는 Competency의 동의어로 볼 수도 있다. 하지만 Competency와 Competence는 엄연히 다른 뜻을 가진 단어다. Competency는 어떤 일이나 행동을 하는 것에 대한 자신감이나 잠재적 능력을 의미하고, Competence는 어떤 일이나 행동을 실제로 수행할 수 있는 숙련도나 능숙함을 말한다. 즉 Competence는 눈에 보이고 측정이 가능하며 단기간에 반복적인 훈련이나 연습을 통해 향상시킬 수 있지만, Competency는 눈에 직접적으로 보이지 않아 측정이 쉽지 않으며 단기간에 향상시키는 것이 어렵다.

예를 들어 수학 문제를 푸는 경우를 생각해보자. 수학 문제를 푸는 역량(Competency)이 우수한 학생은 수리적 감각이 있고 문제 해석 능력이 뛰어나며 문제를 푸는 것에 대한 자신감이 있기 때문에 어떤 형태의 문제가 나오더라도 다 잘 풀 수 있다. 반면 수학 문제를 푸는 데 능숙한(Competence) 학생은 문제 풀이를 반복해왔기 때문에 이미 풀어본 문제는 잘 맞히지만 새로운 형태의 문제가 나오면 어려움을 겪는다. 다양한 형태의 수학 문제를 반복해서 풀어보는 것은 능숙함을 키우는 좋은 방법일 수 있다. 하지만 역량을 키울 수 있는 방법은 아니다. 따라서 역량 중심 교육에서는 한 문제 맞히거나 틀리는 게 중요하지 않다. 수리적 감각을 키우고 문제 해석 능력을 향상시키는 것에 집중한다.

직장에서 수출입 관련 업무를 맡은 두 명의 사원이 있다고 해보자. 한 사원은 복합 문제를 해결하는 역량이 우수하고, 다른 사원은 수출입 업무에 아주 능숙하다. 그리고 두 사원 모두 수출입 업무를 잘 수행하고 있다. 그런데 어느 날 두 사원이 함께 상품개발팀으로 발령을 받았다. 이런 경우 복합 문제를 해결하는 역량이 우수한 사원은 새로운 업무에 쉽게 적응하고 업무를 잘 수행할 수 있을 것이다. 하지만 수출입 업무에 능숙한 사원은 상품 개발이라는 새로운 업무에 능숙해지기 위해 오랜 시간과 많은 노력을 쏟아야 할 것이다. 능숙함(Competence)은 숙련된 분야를 벗어나면 활용이 어렵지만, 역량(Competency)은 어떤 분야든 적용이 가능하다는 장점이 있다. 특히 갈수록 평생직장의 개념이 사라지고 직업의 이동이 잦아질 것으로 보이기 때문에 분야나 직무에 상관없이 호환적으로 적용 가능한 역량의 중요성이 더욱 강조되고 있다.

역량 중심 교육

역량을 강화하고 관리하기 위해서는 역량 중심 교육이 이뤄져야 한다. 기존의 성적 중심 교육 시스템에서는 개별 학생들의 역량을 키우고 관리하는 데 한계가 있다. 먼저 성적 중심 교육 시스템의 교과목과 역량 중심 성적표의 8대 역량을 비교해보자. 성적 중심 교육 시스템의 주요 교과목들은 국어, 영어, 수학, 물리, 화학, 생명과학, 지구과학, 한국지리, 세계지리, 한국사, 세계사 등이다. 역량 중심 성적표의 8대 역량은 분석적이고 창의적인 사고, 복합적 의사소통, 리더십과 팀워크, 디지털/양적 리터러시, 세계적 시각, 적응력/진취성/모험 정신, 진실성과 윤리적 의사 결정, 마음의 습관/사고방식 등이다. 둘 사이의 연결 고리는 잘 보이지 않는다.

물론 예를 들어 세계사를 배우는 동안 세계적 시각이 강화된다고 볼 수 있다. 하지만 성적 중심 교육 시스템의 학생들은 세계사를 배워 세계적 시각을 강화하는 데 집중하지 않는다. 오히려 주요 역사적 사건들을 연도별로 잘 외워 시험에서 높은 성적을 받는 것을 중요시한다. 따라서 역량을 강화하기 위해서는 평가 방식부터 바꿔야 한다. 세계적 시각을 강화하기 위해 다음과 같이 수업 방식을 바꿨다고 해보자. 학생들은 서로 다른 지역이나 국가를 정해 역사와 문화를 깊이 있게 이해하는 프로젝트를 수행한 뒤 자신들이 정한 지역이나 국가의 관점에서 역사적 사건을 함께 논의한다. 하지만 평가를 기존의 성적 중심으로 진행한다면 학생들은 시험에서 좋은 성적을 받기 위한 공부를 따로 해야만 할 것이다.

창의력이 뛰어난 고등학생 창민이가 있다. 기존의 성적 중심 교육 시스템이라면 창민이는 국어, 영어, 수학, 물리, 화학, 생명과학, 지구과학, 한국지리, 세계지리, 한국사, 세계사 등 정해진 여러 교과목의 수업을 듣는 데 대부분의 시간을 써야만 한다. 반면에 역량 중심 교육 시스템에서는 자신의 창의력을 계속 개발해나갈 수 있는 다양한 창작 활동에 집중할 수 있게 된다. 음악이나 미술에 많은 시간을 할애할 수도 있고 가장 관심 있는 분야인 컴퓨터 그래픽이나 단편영화 제작에 몰두해 전문성도 키울 수 있을 것이다. 창민이의 꿈은 할리우드의 애니메이션 제작자가 되어 자신의 창의력을 한껏 발휘하면서 전 세계 아이들을 감동시키는 애니메이션을 만드는 것이다. 성적 중심 교육 시스템과 역량 중심 교육 시스템 중 창민이가 꿈을 이루는 데 많은 도움을 줄 수 있는 시스템은 과연 무엇일까?

학생들의 다양한 역량은 역량 중심 교육 안에서 빛을 발할 수 있다. 앱(App) 개발과 머신 러닝의 매력에 푹 빠진 학생은 전 세계 사람들이 이용하는 건강관리 앱을 개발해 고등학생 나이에 글로벌 기업의 대표가 될 수도 있다. 인권 문제에 대한 연구와 활동으로 고등학교 졸업에 필요한 학점을 이수할 수 있다면 20대 초반에 전 세계를 누비며 활약하는 인권 전문가를 키워낼 수도 있다. 공감 능력과 의사소통 능력이 뛰어난 학생은 자신의 유튜브 채널을 개설해 일반 언론 매체에서 취급하지 않는 10대들의 관심과 유행을 다루면서 다중채널 네트워크(Multi Channel Network: MCN)[10]를 통한 1인 미디어 시대를 선도해나갈 수도 있을 것이다. 이 학생들은 역량 중심 교육 시스템 덕분에 전 세계를 무대로 종횡무진 활약할 수 있다. 하지만 기존의 성적 중심 교육 시스템에서는 자신의 관심 분야에 전념하고 역량을 강화할 수 있는 기회도 갖지 못할뿐더러 학교생활에 잘 적응하지 못하는 문제아로 인식될 것이다.

이처럼 역량 중심 교육에서 가장 기본적으로 생각하는 것은 학습의 주체가 학생이 되어야 한다는 점이다. 학생 개인별로 자신의 학습 목표를 세우고 학습을 진행하기 때문에 학생들의 성적을 비교할 필요도 없고 학급 석차나 전교 석차도 의미가 없다. 자신의 관심이나 흥미와 상관없이 학교에서 정한 국어, 영어, 수학, 물리, 화학, 생명과학, 지구과학, 한국지리, 세계지리, 한국사, 세계사 등의 수업을 듣고 공부하고 시험 보는 일을 반복하는 것이 과연 우리 아이들에게 긍정적인 영향을 미칠까? 최근 교육학계에서 가장 주목하는 것이 학습 동기라는 걸 보면 이미 답은 밝혀진 듯하다. 학습 효과를 향상시키기 위해서 가장 필요한 것은 학습 동기다. 호기심과 관심이 있는 내용을 배울 때 몰입도가 상승하고 학습 결과도 높게 나온다는 것이다.

한편 역량 중심 교육에서 교사는 학생들을 가르치는 티칭이 아니라 멘토로서 학생들의 학습을 돕는 코칭의 역할을 한다. 인터넷과

---

10 다중채널 네트워크 서비스는 유튜브와 같은 온라인 동영상 플랫폼의 1인 방송을 지속 가능한 사업으로 발전시키기 위한 전략에서 생겨났다. 초기 제작 지원과 유통 수익 관리에서 출발, 점차 신규 수익 모델 창출과 부가 사업으로 영역을 확장하고 있다.

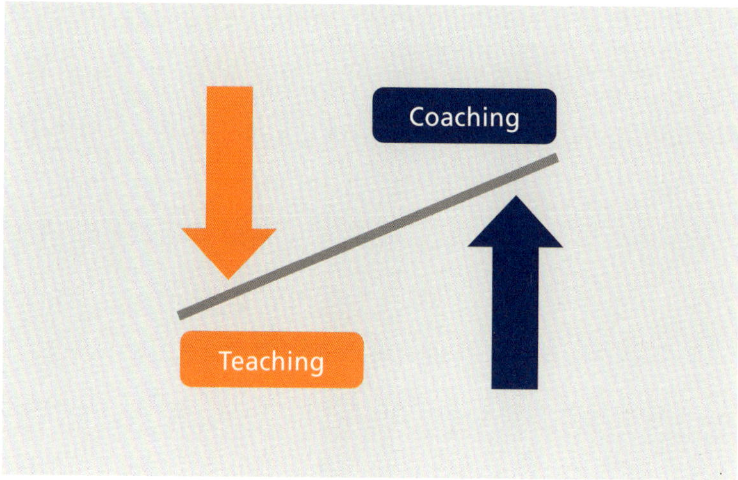

컴퓨터 및 정보 통신 기술의 발달로 지식에 대한 접근성이 매우 높아졌기 때문에 과거와 같이 단순히 지식을 전달하는 시대는 막을 내렸다. 게다가 지식의 반감기가 갈수록 짧아져 오늘 맞는 내용이 한 달 뒤면 틀릴 수도 있는 상황에서 교사가 전달한 지식을 학생들이 받아 적고 암기하는 방식은 유지되기 어렵다. 또한 학생들 스스로 각자의 학습 목표를 세우고 학습의 주체가 되어 학습 방법을 찾고 학습을 진행하는 것이 학습 성취에 더 효과적이다. 따라서 역량 중심 교육에서 교사는 학생들이 주체적으로 학습을 진행할 수 있도록 코칭하는 역할을 수행한다. 여기서 교사의 중요성은 더욱 커진다. 단순히 지식을 전달하는 티칭의 경우 교사의 중요성은 크게 줄어든다. 책을 읽거나 인터넷 검색을 하거나 무료 온라인 강좌(MOOC)를 수강하거나 친구에게 묻거나 전문가에게 직접 이메일을 보내 원하는 정보를 얻을 수 있기 때문이다. 하지만 코칭을 하는 교사는 학생들의 학습 목표 설정부터 학습 방법, 학습 결과까지 전체 과정을 함께한다. 마라톤 선수의 완주를 곁에서 도와주는 코치와 마찬가지다. 따라서 역량 중심 교육에서는 교사의 역할이 중요한 것이다.

역량 중심 교육에서도 수업 내용을 확인하는 시험을 볼 수 있다. 하지만 성적 중심 교육 시스템과 달리 시험 결과는 학습의 끝이 아니라 시작이다. 역량 중심 교육의 목표는 역량의 3요소인 지식, 기술, 능력에 대한 이해도나 숙련도를 향상시키는 것이다. 그러므로 지식에 대한 평가를 진행한 다음 결과를 제시하고 끝내지 않는다. 어떤 부분이 이해가 안 되어 틀렸는지 파악하고 다시 배우게 해 해당 지식에 대한 이해도나 숙련도를 높이는 과정을 진행한다. 역량 중심 교육에서는 학생 개개인이 자신의 관심과 흥미에 맞춰 학습 목표를 정하기 때문에 주요 학습 내용에 통달할 때까지 다양한 방법으로 학습이 진행된다. 예를 들어 제2외국어를 배우는 경우 기존 성적 중심 교육에서는 중간고사와 기말고사를 잘 봐서 좋은 점수를 받는 게 중요하다면, 역량 중심 교육에서는 프랑스어나 스페인어 등 자신이 선택한 제2외국어로 외국인과 대화를 나눌 정도로 유창한 실력을 갖추는 것이 중요한 것이다.

내 수업은 내가 설계한다

역량 중심 교육에서 가장 기본이 되는 원칙은 학생이 학습의 주체가 된다는 것이다. 학생들 스스로 자신의 관심과 흥미에 맞춰 듣고 싶은 수업을 정하고 어떤 학습 목표를 성취할 것인지 결정한다. 하지만 국가의 교육정책상 고등학교를 졸업하기 위해 반드시 이수해야 하는 과목이 정해져 있는 경우에는 모든 학생들이 이수해야 하는 공통과목과 역량 중심 교육 과목으로 과목을 분리해 수업을 진행할 수도 있다. 하루 일과 중 80%의 시간은 공통과목 수업을 진행하고 나머지 20%의 시간은 학생들이 설계한 역량 중심 교육 수업을 진행하는 것이다. 물론 역량 중심 교육 수업을 100% 진행하는 것이 가장 이상적이겠지만 여러 제약이 있는 경우 상황에 맞게 시작할 수도 있다.

최근에는 인터넷과 컴퓨터, 정보 통신 기술의 발달로 인해 디지털 기반의 온라인 플랫폼 내에서 학생들의 학습 현황 파악이나 관리를 효율적이고 효과적으로 진행할 수 있다. 역량 중심 성적표의

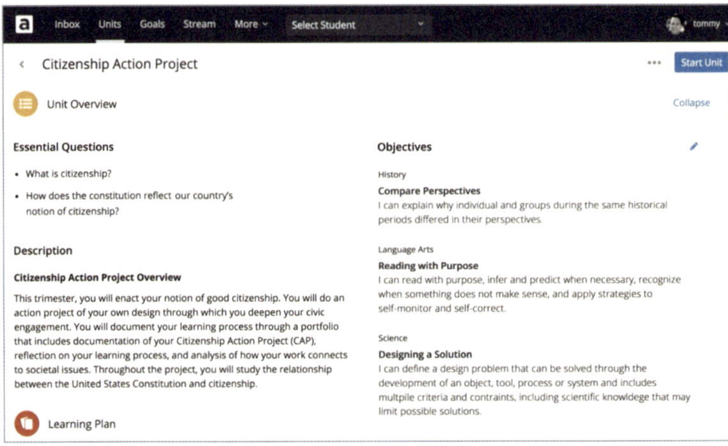

얼트 스쿨의 학생 수업 설계

플랫폼은 아직 개발 중이기 때문에 현재 운영 중인 얼트 스쿨(Alt School)의 역량 중심 교육 플랫폼을 예로 들어 학생들의 수업 설계와 역량 관리가 어떤 형태로 진행되는지 살펴보자.

얼트 스쿨의 온라인 플랫폼에 있는 Units 및 Goals 메뉴를 이용해 학생들은 개별적으로 자신의 수업을 설계하고 학습 목표를 설정할 수 있다. 예를 들어 민주 시민의 역할과 행동을 배우기 위해 Citizenship Action Project란 수업을 설계하는 경우를 보자. 학생들은 학습 플랜(Learning Plan)에서 자신에게 잘 맞는 학습 방법으로 개인화된 학습을 진행한다. 1주 차 학습활동으로 민주 시민의 역할과 행동에 대한 브레인스토밍을 해볼 수도 있고 민주 시민의 역할과 행동에 대한 사회적 이슈를 조사할 수도 있다.

또한 학생들은 온라인 플랫폼에서 학습 목표를 정할 수 있다. 민

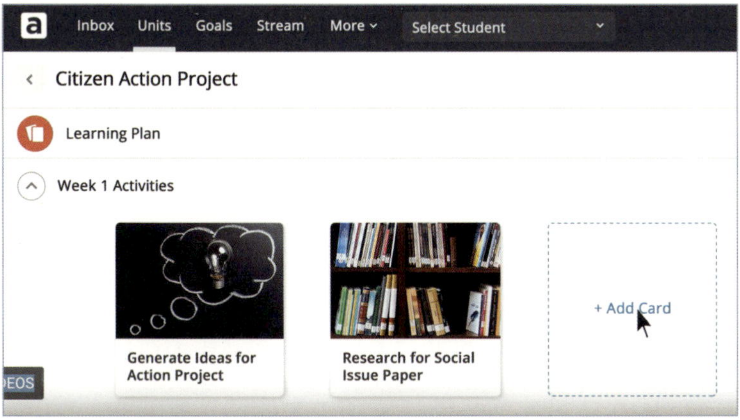

얼트 스쿨의 학습 플랜 설정

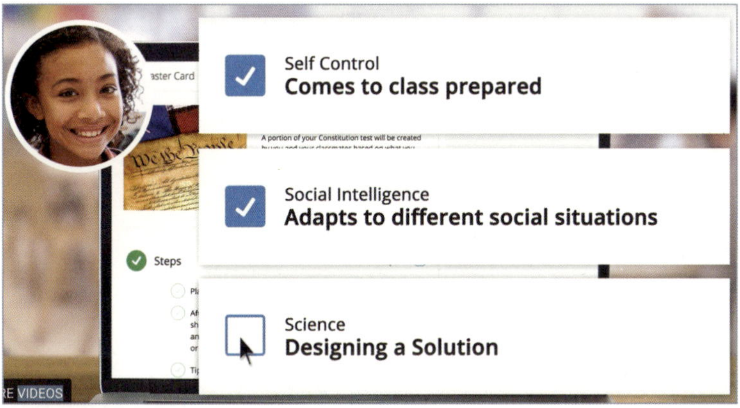

얼트 스쿨의 학습 목표 설정

주 시민의 역할과 행동에 대한 일반적 이해를 목표로 할 수도 있고, 민주 시민의 역할과 행동에 대한 주요 문제점을 파악하고 해결책을 제시하는 것을 목표로 정할 수도 있다. 민주 시민의 역할과 행동에 대한 여러 나라의 사례를 비교해 공통점이나 차이점을 분석할 수도 있다.

학생들은 서로 다른 수업을 설계하거나 같은 수업에서 서로 다른 학습 목표와 학습 플랜을 설정한다. 교사들은 온라인 플랫폼에 로그인해 학생들의 설계 내용을 확인하고 개개인의 학습 목표와 학습 플랜에 맞춰 평가 방식을 결정한다. 얼트 스쿨의 온라인 플랫폼은 역량 중심 교육을 지원하기 위해 개발되었으므로 평가 역시 역량 중심 평가로 진행된다. 역량 중심 평가는 학생들과 대화를 나누고 프로젝트 진행 과정에서 요구되는 역량들을 강화하기 위한 피드백을 제공하면서 학생들의 학습 내용에 대한 실질적 이해도를 측정한다. 얼트 스쿨의 교사들은 티칭이 아니라 코칭을 하기 위해 학생들의 학습 목표와 학습 플랜을 함께 점검하고 학생들이 프로젝트를 잘 수행하고 학습 효과를 높일 수 있도록 지원한다. 때로는 학생들이 미처 생각하지 못한 부분에 대해 힌트를 제시하고 때로는 학생들이 꾸준히 학습을 진행할 수 있도록 지속적인 피드백을 제공하며 동기를 부여한다. 한편 학생들은 온라인 플랫폼에서 자신의 학습 현황을 파악할 수 있으며 앞으로의 학습 계획을 수정하는 것도 가능하다.

역량 중심 교육에서 고려해야 할 또 하나의 중요한 사항은 학생들의 자기 주도 학습 수준에 따라 수업 설계, 학습 목표, 학습 방법 등에 자율성을 부여해야 한다는 것이다. 먼저 교육을 실시하기 전에 학생들의 자기 주도 학습 수준을 미리 측정하거나 한두 과목 정도 시범적으로 수업 설계, 학습 목표, 학습 방법 등에 자율성을 부

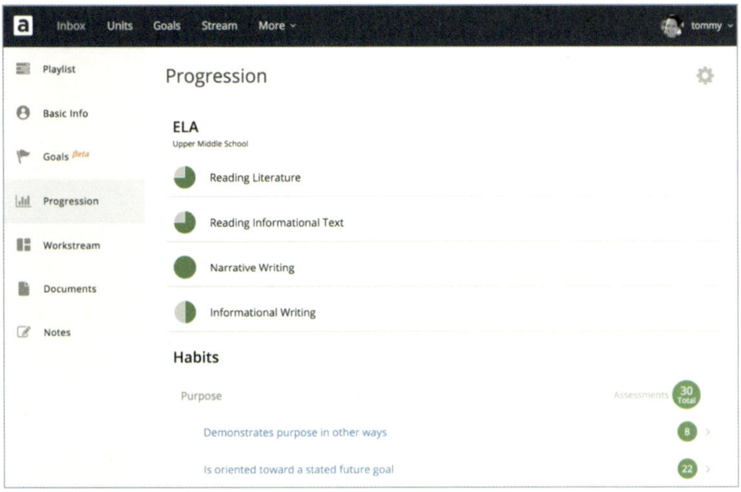

© AltSchool

얼트 스쿨의 학습 현황 대시보드

여해본다. 그 결과 자기 주도 학습 수준이 상대적으로 낮게 나타난 학생들은 정해진 수업 리스트 중에서 학습 목표를 정하거나 주어진 학습 목표에 대한 학습 방법만 결정하면 된다. 이처럼 역량 중심 교육에 익숙해지는 시간을 제공하는 것이 필요하다.

또한 고등학교를 졸업하기 위해 반드시 이수해야 하는 공통과목의 경우에도 학생들을 나이에 따라 수업에 배정하지 않고 이해 수준에 따라 배정한다. 그리고 학생들이 수업에서 어떤 내용을 이해하지 못하는지 파악해 다양한 방법의 학습 기회를 제공하면서 이해를 돕는다. 하위 단계의 수업 내용에 대한 이해를 마친 상태에서 상위 단계의 수업을 듣도록 하는 것이 중요하다.

빅데이터로 역량을 키우자

역량 중심 교육에서는 빅데이터를 기반으로 한 학습 분석(Learning analytics) 프로그램을 이용해 학생들의 학습 패턴을 파악하고 학습 성과를 분석하면서 개인 맞춤형 학습을 운영한다. 개인 맞춤형 학습이란 수업 선택부터 학습 목표와 학습 방법 그리고 평가 방법까지 학생 스스로 결정하는 것을 말한다. 하지만 한 수업 내에서 학생 개인별로 학습 목표나 학습 방법 등을 정하는 것도 넓은 의미에서 개인 맞춤형 학습이라고 할 수 있다. 또한 개인 맞춤형 학습이라고 해서 모두 빅데이터나 학습 분석 프로그램을 이용해야만 하는 것은 아니다. 선생님이 학생들에게 설문지를 돌려 개별적으로 성취하고자 하는 학습 목표를 묻고 그에 맞춰 수업을 진행하는 것도 개인 맞춤형 학습이라고 할 수 있다. 대학에서 주로 사용하는 방법 중 하나로 학습 계약서(Learning contract)라는 것이 있다. 수업 첫날 학생들에게 어느 정도의 배경지식이 있는지, 어떤 부분에 집중해서 학습을 하고 싶은지 또는 어떤 학습 방법이 자신에게 가장 효과적인지 등을

Learning Contract

Student Name:

Course Number & Title:

Primary Major:

Class Year:

1. Please provide a brief explanation of why you enrolled in this course:

2. Please provide a brief overview of what you hope to learn through this course, including the international travel component.

3. Please provide a brief statement of what it means to be a global citizen? What are the most important criteria or characteristics?

Course Professor:

I have met with the student and approve the objectives as indicated on this global learning contract. I agree to be available to meet with the student to discuss his/her progress toward achieving these objectives over the duration of this course.

Signature Date

Student:

I concur with and accept the objectives indicated in this global learning contract. I agree to complete all aspects of the contract to the best of my ability and submit a completed contract and required supplementary materials by the specified due date.

Signature Date

학습 계약서 샘플

질문한다. 그러고 나서 학생들과 학습 계약서를 작성하고 이를 토대로 한 학기 동안 개인 맞춤형 학습을 진행한다.

빅데이터를 기반으로 한 학습 분석이란 학생들의 학습 정보를 매 순간 기록하고 저장한 빅데이터를 분석, 학습 패턴이나 학습 현황을 파악해 가장 적합한 학습 방법을 제시하는 것이다. 학생들은 컴퓨터, 스마트폰, 태블릿 PC, 사물 인터넷[11] 등을 통해 학습 관리 시스템(Learning management system: LMS), 온라인 수업 수강 플랫폼을 이용하거나 인터넷에서 정보를 검색하고 수업의 온라인 토론에 참여한다. 이 같은 학습 정보와 더불어 과제물이나 시험 성적 등 모든 데이터가 분석의 대상이 된다.

그런데 학습 분석의 초기 모델인 1세대 학습 분석 프로그램에서는 위험군 학생을 조기에 발견하는 데 집중했다. 미국 내 우수 대학의 경우 입학하는 것도 어렵지만 졸업하는 것도 쉽지 않기 때문에 졸업률이 70%가 안 되는 경우가 많았다. 또한 학기가 시작한 뒤 2주가 지나면 수강 신청을 취소하더라도 수업 중도 포기를 의미하는 W(withdrawal)가 성적표에 남게 되기 때문에 2주 안에 위험군 학생을 찾아 위험 신호를 보내 수강 신청을 취소하거나 수업에 보다 열심히 참여하도록 하는 것이 당면한 과제였다. 따라서 미국 내 여러 대

11 사물 인터넷은 사물에 센서를 부착, 인터넷을 통해 실시간으로 데이터를 주고받는 기술이나 환경을 일컫는다. 사물 인터넷으로 연결된 기기는 사람의 도움 없이 서로 알아서 정보를 주고받으며 대화를 나눌 수 있다. 블루투스나 근거리 무선통신(NFC), 센서 데이터, 네트워크가 이들의 자율적인 소통을 돕는 기술이다.

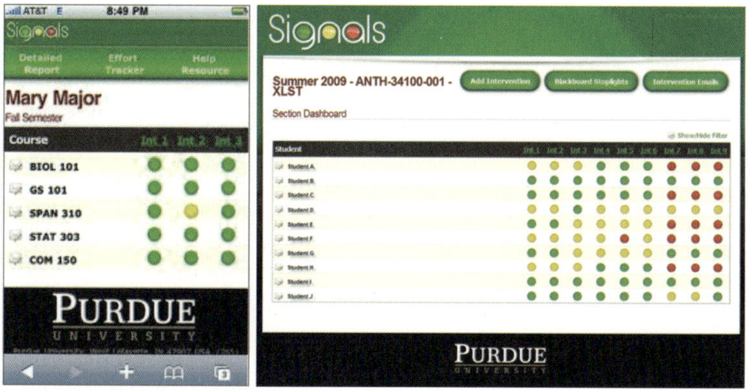

퍼듀대학교 학습 분석 프로그램 시그널스

학의 연구팀들이 학습 분석 프로그램 개발에 뛰어들었다. 2009년 퍼듀대학교에서 개강 후 2주 이내에 위험군 학생을 발견할 수 있는 시그널스(Signals)라는 학습 분석 프로그램을 발표하면서 1세대 학습 분석 프로그램 개발의 경쟁은 일단락되었다.

하지만 1세대 학습 분석 프로그램은 얼마 지나지 않아 윤리적 논란에 휩싸이게 된다. 가장 큰 논란을 불러일으킨 건 성적 예측의 정확도를 높이기 위해 상당량의 학생 개인 정보를 사용했다는 것이다. 퍼듀대학교 시그널스의 경우 학습 관리 시스템 접속 정보, 과제물 제출 여부와 제출 시간, 온라인 토론 참여 시간, 학습용 자료 다운로드 횟수, 성별, 나이, 학년, 국적, 인종, 경제 수준, 고등학교 성적, 대학 입학시험 성적, 직전 학기 성적, 아르바이트 여부 등 기존 문헌에서 학습에 영향을 미치는 요소라고 밝힌 100여 개 항목을 함께 분석해 예측 결과의 정확성을 높였다. 비판론자는 결과를 정확히 예측할 수 있다는 이유로 학생들의 개인 정보를 이용하는 것은 윤리적으로 재해석해야 한다고 보았다. 매출 증대가 중요해 과정보다는 결과에 더 초점을 맞추는 비즈니스와 달리 학생들의 학습은 결과뿐만 아니라 과정도 중요하기 때문이다. 또한 학생들의 학기말 성적을 예측하고 끝나는 것이 아니라 고위험군에 속하는 걸로 파악된 학생들을 지원해 저위험군으로 바꾸고 수업에서 보다 나은 학습 성취를 할 수 있게 돕는 것이 필요하다고 주장했다.

이에 따라 최근 2세대 학습 분석 프로그램들은 학습 패턴 분석, 학습 현황 파악, 맞춤형 학습 전략 및 방법 제시에 초점을 맞춰 개발 및 활용되고 있다. 예를 들어 학습 관리 시스템 중 하나인 Desire 2Learn(D2L)의 경우에는 학생 성공 시스템(Student success system)이란 학습 분석 대시보드를 제공한다. 한 수업의 상위 25% 학생들의 평균 점수와 하위 25% 학생들의 평균 점수를 보여주면서 개인의 학습 성취가 어느 정도인지 파악할 수 있도록 돕는다. 또한 출석, 보고서나 과제물, 퀴즈나 중간고사 및 기말고사, 그룹 프로젝트 등 다양한 수업 활동의 결과에 대한 학습 패턴 분석 정보를 인포그래픽으로 제시해 학습 목표를 성취하도록 지원한다.

또 다른 학습 관리 시스템인 캔버스(Canvas)는 학생들에게 학습 패턴과 학습 현황 분석 결과를 보여줄 뿐만 아니라 교수자에게 학생들의 학습 현황을 한눈에 파악할 수 있는 학습 분석 정보를 제공한다. 교수자는 이를 통해 고위험군 학생을 조기에 발견하고 맞춤형 학습 전략이나 방법을 제시하면서 학생이 저위험군으로 이동할 수

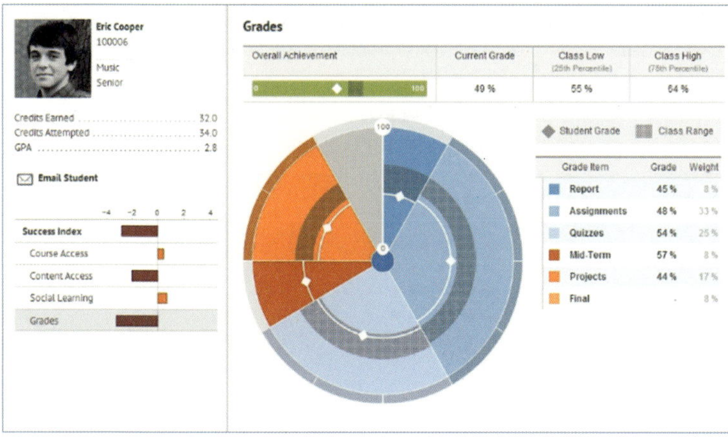

© D2L

Desire2Learn의 학생 성공 시스템

있도록 돕는다. 우수 학생들은 초록색으로, 저위험군 학생들은 연두색으로, 고위험군 학생들은 빨간색으로 표시되어 있어 교수자는 고위험군 학생을 바로 파악할 수 있다. 빨간색으로 표시된 부분을 누르면 그 학생에게 어떤 문제가 있는지 상세하게 알려준다. 교수자는 해당 학생에게 연락을 취해 면담을 하기도 하고 보다 쉽게 설명되어 있는 참고 자료를 제공해 이해를 돕는다. 교수자용 학습 분석 대시보드는 고위험군 학생은 물론 전체 학생들의 이해 수준도 알려준다. 교수자는 이런 정보에 따라 강의 수준을 결정할 수 있다. 대부분의 학생들이 빨간색일 경우에는 교수자가 학생들과 상의해 강의 수준을 조절할 수도 있다.

한편 유치원부터 중학교까지 학습 현황을 학생 스스로 파악하고 관리할 수 있는 학습 분석 프로그램인 스쿠트패드(ScootPad)도 있다.

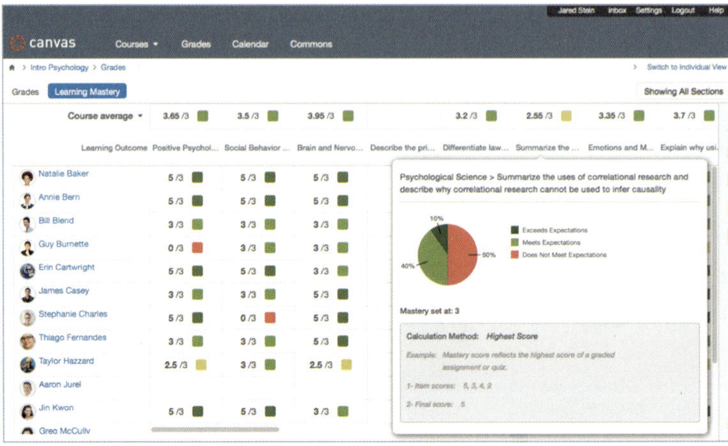

© Canvas Network

캔버스의 대시보드

온라인으로 치른 시험의 결과를 러닝 패스(Learning path)라 불리는 학습 경로에 표시를 해서 각 과목의 단원이나 주제별로 이해 수준이 어느 정도인지 보여준다. 더하기, 빼기, 곱하기, 나누기로 단원이 구성되어 있는 산수 과목의 시험을 봤는데 더하기, 빼기는 90%, 곱하기는 70%, 나누기는 60%로 러닝 패스에 표시되었다고 해보자. 더하기와 빼기는 상위 수준이지만 곱하기와 나누기는 하위 수준이다. 따라서 부족한 부분인 곱하기와 나누기에 더 치중할 수 있다.

지금까지 예로 든 학습 분석 프로그램들은 현재 개발 중인 역량 중심 교육 시스템의 학습 분석 프로그램과는 많이 다르다. 단지 개념적인 이해를 돕기 위해 제시한 것뿐이다. 기존 학습 분석 프로그램들이 주로 사용한 데이터는 학습 관리 시스템에서 수집이 가능하거나 시스템에 입력된 정보다. 하지만 역량 중심 교육 시스템의 빅

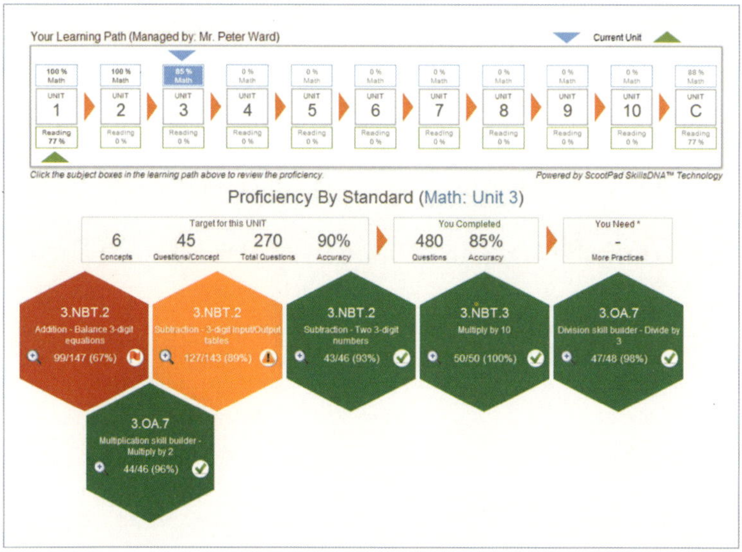

© ScootPad

스쿠트패드의 러닝 패스

데이터 기반 학습 분석 프로그램은 학생들의 모든 학습활동에 대한 정보를 저장하고 분석한다. 즉 교실 수업, 무료 온라인 강좌(MOOC) 수강, 연구소나 다른 기관에서의 인턴십 및 연구 활동, 스마트폰이나 태블릿 PC, 사물 인터넷을 통한 인터넷 정보검색 등 모든 학습활동을 분석하는 것이다. 이를 바탕으로 언제 어떻게 학습하는 게 가장 효율적인지 알려주면서 맞춤형 학습 전략을 제시한다. 또한 학습 주제나 내용에 따라, 개인의 역량에 따라 다양한 맞춤형 학습 방법을 제공한다. 예를 들어 세계적 시각을 강화하기 위해 글로벌 환경오염에 대한 프로젝트를 진행한다고 해보자. 학생 개인의 학습 패턴을 분석해보니 이런 경우에는 그룹학습이 적절한 것으로 나왔다. 따라서 카페 같은 곳에서 친구들과 함께 인터넷으로 각종 자료를 검색하고 토론하며 학습하는 방식을 제시할 수 있다. 반면 디지털/양적 리터러시를 강화하기 위해 디지털 지식과 미디어를 창조하는 활동을 하는 경우에는 집에서 혼자 집중하며 학습하는 방식을 제시할 수도 있다.

e-포트폴리오에 디지털 배지 달기

역량 중심 교육에서는 역량 관리를 위해 디지털 배지와 e-포트폴리오가 활용될 것으로 전망된다. 예를 들어 역량 중심 성적표의 8대 역량 중 분석적이고 창의적인 사고를 보면 12가지의 하위 역량들이 있는데 이들 역량을 인정해주는 디지털 배지를 부여하는 것이다. 즉 복합 문제를 파악하고 관리하고 처리하는 능력, 편견이나 선입견을 간파하고 신뢰할 수 있는 정보와 불확실한 정보를 구별하는 능력, 정보의 홍수 속에서 양질의 정보를 찾아내는 능력, 의미 있는 질문을 도출하는 능력, 아이디어나 지식을 분석하고 창조하는 능력, 시행착오를 겪으면서도 문제에 대한 해결책을 고안하고 테스트하는 능력, 다양한 대체 방법을 생각해내는 능력, 한 분야에 국한되지 않고 여러 분야에 걸치는 지식과 시각을 발전시키는 능력, 지속적인 추론을 해나가는 능력, 여러 가지를 한 가지로 합치거나 새로운 용도와 상황에 맞게 맞추고 조정하는 능력, 정해진 룰이나 규칙을 통해서는 해결책을 찾을 수 없는 새로운 문제를 해결하는 능력,

복합적인 현실 세계 문제들을 해결하기 위해 지식이나 창의력을 이용하는 능력 등이 분석적이고 창의적인 사고를 나타내는 디지털 배지들이 되는 것이다.

학생들은 학습활동을 수행할 때마다 그 결과에 대한 평가를 받고 평가를 바탕으로 하위 역량을 입증하는 디지털 배지를 획득한다. 하위 역량 디지털 배지들이 모이면 상위개념인 8대 역량을 인정받는다. 예를 들어 지역의 물 부족 문제에 대한 해결 방안을 제시하는 프로젝트나 학생회 연간 사업을 결정하는 회의를 진행하면서 다양한 방법들을 착안해냈다고 해보자. 이런 경우에는 다양한 대체 방법을 생각해내는 능력에 대한 하위 역량 디지털 배지를 발급받게 되는 것이다. 또한 학습 분석 프로그램을 윤리적으로 고찰하는 토론에서 의미 있는 질문을 많이 제시해 활발한 토론을 이끌었다면 의미 있는 질문을 도출하는 능력에 대한 하위 역량 디지털 배지를 받을 수 있다. 이렇게 발급받은 하위 역량 디지털 배지들이 모여 분석적이고 창의적인 사고를 증명하는 기준이 되는 것이다. 대학 입학 사정관이 특정 학생의 역량 중심 성적표를 열람하는 경우를 생각해보자. 그는 가장 먼저 각각의 8대 역량이 어느 정도 수준인지 살펴본다. 다음으로 그중 하나의 역량을 선택해 디지털 배지를 확인하면서 어떤 하위 역량을 얻었는지 알아볼 것이다. 그러고는 디지털 배지를 눌러 어떤 학습활동을 통해 해당 하위 역량을 얻게 되었는지 확인해본다.

앞에서 말했듯이 역량이란 한순간에 향상시킬 수도 없고 꼭 교실

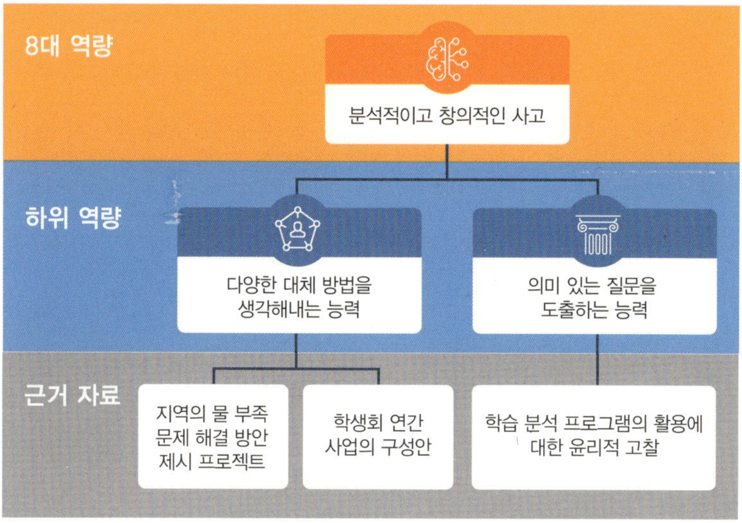

안에서 수업을 들을 때만 강화되는 것이 아니다. 그러므로 역량을 키울 수 있는 모든 형태의 학습활동이 하나하나 쌓이고 모여 한 사람의 역량을 형성하게 된다. 비디오게임을 할 때 주어진 퀘스트를 깨거나 상대 플레이어를 이길 때마다 캐릭터의 경험치가 올라가고 공격력이나 방어력이 레벨업되는 것과 마찬가지다. 역량도 하위 역량들이 모여 상위 역량을 강화시킬 수 있다. 분석적이고 창의적인 사고에서 한 학생은 12개 하위 항목 중 6개만 얻고 다른 학생은 12개 모두 얻은 경우 당연히 두 학생의 수준은 차이가 난다. 그런데 두 학생 모두 6개의 하위 항목을 얻었는데도 차이가 날 수 있다. 한 학생은 6개 하위 역량마다 한 개의 디지털 배지를 받고 다른 학생은 6개 하위 역량마다 2개의 디지털 배지를 받은 경우 둘의 수준은 차이가 나게 되는 것이다.

역량 중심 성적표의 디지털 배지 시스템 역시 아직 개발 중이기 때문에 현재 사용 중인 몇 가지 시스템을 통해 그 운영 형태를 살펴보자. 먼저 미국 퍼듀대학교의 경우 오픈 패스포트(Open Passport)라는 디지털 배지 시스템을 개발해 사용하고 있다. 퍼듀대학교는 비판적 사고(Critical Thinking), 의사소통(Communication), 탐구 방법(Methods of Inquiry), 국제적 감각(Global Awareness), 전문 지식(Content Knowledge), 윤리(Ethics), 정보 리터러시(Information Literacy), 평생 학습(Lifelong Learning) 등 8대 핵심 역량을 모두 갖춘 인재의 배출을 목표로 하고 있다. 학생들은 전공이나 교양과목을 수강하면서 각 역량별로 배지를 발급받는다. 학생들 스스로 현재의 역량을 확인하고 관리할 수 있는 방안을 마련 중이다.

영국의 초중고 과정에서 활용 중인 Badge the UK라는 디지털 배지 플랫폼도 있다. 영국에서 초중고 학생들은 학교 수업뿐만 아니라 120여 개 파트너사의 교육 프로그램을 수강해도 디지털 배지를 발급받을 수 있다. 특히 디지털 배지를 발급하는 수업들은 주로 코딩이나 게임 디자인 등 아이들이 관심이 많고 흥미를 느끼는 주제들로 구성되어 있어 많은 학생들이 참여하고 있다. 또한 선생님의 수업을 듣고 시험을 보는 방식이 아니라 디지털 배지를 하나하나 모아가며 아이들 스스로 재미를 느끼고 즐기는 학습이기 때문에 학습 효과마저 우수하다는 평이다.

디지털 배지를 운영하는 학교 중에는 역량 중심 성적표와 같이

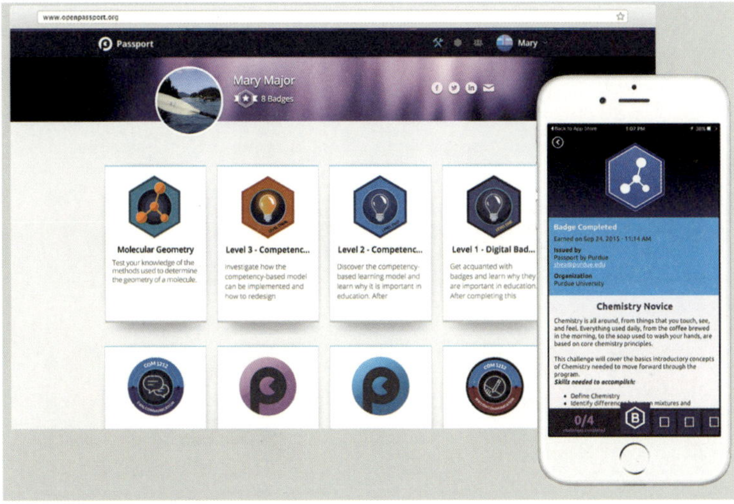

퍼듀대학교의 오픈 패스포트

하위 역량 디지털 배지를 토대로 상위 역량을 인정하는 경우도 있다. 바로 캘리포니아주립대학교 데이비스 캠퍼스의 디지털 배지 시스템이다. 이 대학의 농과대학 학생들을 대상으로 운영 중인 디지털 배지 시스템은 기술(Skill), 지식(Knowledge), 명예(Honor), 경험(Experience), 역량(Competency) 등 5가지 상위 역량을 정하고 하위 역량에 대한 디지털 배지를 바탕으로 상위 역량 배지를 발급한다. 예를 들어 역량이라는 상위 역량의 디지털 배지를 얻기 위해서는 전략적 관리(Strategic Management), 시스템적 사고(Systems Thinking), 대인 커뮤니케이션(Interpersonal Communication) 등과 같은 하위 역량의 디지털 배지들을 모두 발급받아야 한다.

역량 중심 성적표에서 획득한 하위 역량과 상위 역량의 디지털

영국의 Badge the UK 디지털 배지

배지들을 모아 e-포트폴리오(e-Portfolio)[12]를 만들어 관리할 수도 있다. 포트폴리오라고 하면 일반적으로 디자인 분야에서 개인의 전문성을 보여주기 위해 프로젝트나 작품 활동에 대한 자료를 모아놓은 자료집으로 인식된다. 그런데 점차 포트폴리오의 개념이 확장되면서 다양한 분야의 사람들이 자신의 업무 중 주목할 만한 내용들을 추려 인사 담당자에게 보여주게 되었다. 그러다가 인터넷과 정보

12 전자를 뜻하는 electronic의 e와 포트폴리오가 합성된 것이다. 종이 기반 수행물의 모음을 뜻하는 포트폴리오의 개념이 디지털화된 자료와 웹 기반의 자료로 확장된 것을 의미한다. 학습자는 e-포트폴리오를 활용하여 종이 자료가 아닌 음성, 영상, 그래픽 등의 표현 방식을 사용할 수 있고 웹 기반의 다양한 도구를 통해 학습 성과물을 작성하거나 관리할 수 있다. 이러한 e-포트폴리오는 전통적인 포트폴리오보다 접근이 용이하며 보관과 관리에 추가적인 공간과 비용이 들지 않는다는 장점을 지닌다.

캘리포니아주립대학교 데이비스 캠퍼스의 디지털 배지

통신 기술의 발달로 디지털 방식의 e-포트폴리오가 등장했다. 인터넷상에 자신의 업적들을 모아 보관하고 관리하며 전시하는 기능을 갖춘 플랫폼이 생겨난 것이다. 최근 미국의 취업 박람회에서는 종이로 된 이력서와 명함 대신 e-포트폴리오의 인터넷 주소가 담긴 QR 코드[13]를 인사 담당자에게 제출해서 스마트폰이나 태블릿 PC 등으로 바로 확인할 수 있도록 하고 있다.

그런데 일반적인 e-포트폴리오와 역량 중심 성적표의 디지털 배지를 모아놓은 e-포트폴리오는 그 성격이 조금 다르다. 일반적인 e-포트폴리오의 경우에는 자신이 잘한 내용만 모아서 구성한 주관적

13 바코드보다 훨씬 더 많은 정보를 담을 수 있는 격자무늬의 2차원 코드다. 스마트폰으로 QR 코드를 스캔하면 각종 정보를 제공받을 수 있다.

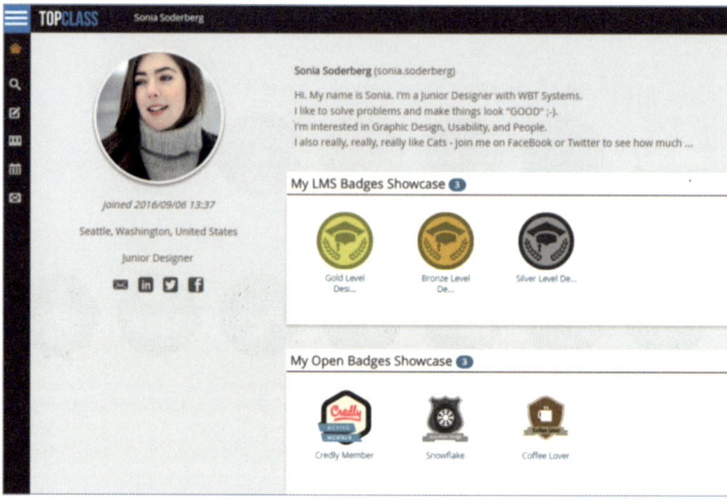

톱 클래스의 e-포트폴리오

인 포트폴리오다. 반면 역량 중심 성적표의 e-포트폴리오는 고등학교에서 수행했던 모든 자료가 그대로 담겨 있는 객관적인 포트폴리오다. 잘한 점과 못한 점을 모두 보여준다고 해서 역량 중심 성적표의 e-포트폴리오가 불리한 것은 아니다. 처음에는 잘하지 못하다가 어떤 방법을 통해 잘하게 되었는지도 그대로 보여주기 때문에 오히려 입학 사정관에게는 학생들을 선발하는 데 좋은 자료가 되는 것이다.

역량 중심 성적표의 디지털 배지 시스템과 마찬가지로 e-포트폴리오 시스템도 개발 중이기 때문에 현재 사용 중인 시스템의 사례를 통해 그 운영 방식을 살펴보자. 학습 관리 시스템 중 하나인 톱 클래스(TopClass)는 플랫폼 내에서 제공되는 수업을 수강한 결과에 따

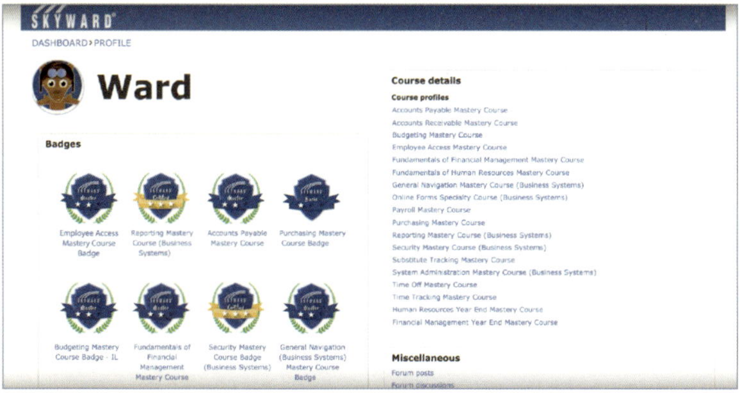

© Skyward

스카이워드의 e-포트폴리오

라 디지털 배지를 발급하고, 학생들은 디지털 배지들로 e-포트폴리오를 만들어 자신의 학업 성취를 전시한다. 또한 톱 클래스의 디지털 배지는 하위 배지들을 모아 상위 배지로 레벨업할 수 있으며 여러 디지털 배지 중에 전시하고 싶지 않은 배지는 숨길 수도 있다.

디지털 배지로 구성한 e-포트폴리오의 또 다른 예로는 초중고 학습 관리 시스템인 스카이워드(Skyward)의 e-포트폴리오 시스템이 있다. 스카이워드의 e-포트폴리오 시스템은 어떤 수업을 성공적으로 이수했는가를 기준으로 디지털 배지를 발행한다. 예를 들어 회계 관련 수업이 총 3과목이 있는데 그중 1과목만 수강하면 배지 안에 있는 3개의 별 중에 1개만 받은 것으로 표시된다. 만약 2과목을 수강하면 2개의 별을 받게 되고 월계수 잎 모양 장식이 추가된다. 3과목 모두 수강하면 3개의 별과 함께 금색 띠를 추가한다. 이렇게 각 수업에 따라 디지털 배지의 레벨을 표시한다. 또한 별을 받기 위해 어떤 수업을 수강했는지도 함께 전시된다. 따라서 인사 담당자들은 스카이워드의 e-포트폴리오를 통해 지원자가 어떤 수업을 듣고 어떤 분야에 대해 학습을 했는지 파악할 수 있다.

PART 4

미래의 교육은 어떻게 바뀌는가?

대학에 부는 변화의 바람

산업혁명 이전만 해도 대학에서는 A, B, C, D, F와 같은 학점이나 100점 만점의 성적 그리고 객관식 시험 등을 볼 수 없었다. 학생들은 자신의 멘토인 교수들과 다양한 주제에 대해 심도 깊은 토론을 하며 학문의 깊이를 더해갔다. 학습을 평가받을 때도 3~5인의 교수들이 던지는 질문에 대답하고 토론하며 자신이 배운 내용을 표현했다.

산업혁명은 과정보다 결과를, 효과보다 효율을 더 중요시하는 분위기를 형성하면서 대학 교육에도 부정적인 영향을 미쳤다. 학생들의 실질적인 학습 효과와 과정이 아니라 효율과 결과에 초점을 맞추게 된 것이다. 대학에서는 정해진 수업 시간 동안 똑같은 내용을 강의하고 객관식 시험을 통해 학점이나 성적을 부여하고 한 학기를 마친다. 학점제의 문제점은 무엇일까? A학점을 받은 학생은 수업 내용 중 최대 10%를 이해하지 못한 것일 수 있다. A학점의 범위가 90점에서 100점 사이이기 때문이다. 만약 그 10% 안에 수업의 핵심 내용이 포함되었다면 학생은 수업에서 받을 수 있는 최고 학점인 A학점을 받았지만 수업 중 가장 중요한 부분을 놓치게 된다. B나 C를 받은 학생들은 수업 내용 중 최대 20~30%를 이해하지 못한 셈이다.

그럼에도 불구하고 필자가 미국 학생들로부터 가장 많이 받는 질문은 '수업 내용을 제대로 그리고 심도 있게 이해하기 위해서는 어떻게 공부해야 하는가'가 아니라 '어떻게 하면 A학점을 받을 수 있는가'이다. 아마도 이런 현상은 미국뿐만 아니라 전 세계 대학에서 동일하게 발생하고 있을 것이다. 학생들은 성적에 상관없이 관심 있고 흥미로운 수업을 듣지 않는다. 졸업 이수 학점을 채우기 위해 강의를 수강한다. 게다가 좋은 성적을 받아야 좋은 직장에 입사할 수 있다. 사정이 이러니 대학에 학점 지상주의가 만연할 수밖에 없다.

이런 고질적인 문제를 해결하고 대학 교육의 본질을 되찾기 위한 논의가 최근 역량 중심 교육의 도입으로 큰 전환점을 맞이하게 되었다. 역량 중심 교육의 필요성과 중요성이 점차 확대되면서 대학 교육에도 큰 변화의 바람이 불고 있는 것이다. 미국 대학에서 역량 중심 교육은 크게 3가지 방식으로 진행되고 있다. 첫 번째는 교수가 학점이나 성적을 부여하지 않고 학생들의 학습 과정에 대해 글로 써서 개별적인 피드백을 주는 방식이다. 학생들은 학점이나 성적에 대한 부담 없이 관심 있고 배우고 싶은 수업을 수강할 수 있다. 또한 교수가 주는 개별적인 피드백을 토대로 자신의 학습 현황을 파악하고 보다 나은 학습경험을 위해 어떤 부분에 치중해야 하는지 판단하면서 적극적으로 학습 과정에 참여한다. 아이비리그 대학 중 한 곳인 브라운대학교(Brown University), 알베르노 칼리지(Alverno College)와 같은 리버럴 아츠 스쿨, 에버그린 스테이트 칼리지(Evergreen State College)와 같은 주립대학교 등 다양한 종류의 10개 대학이 이 방식을 시행하고 있다. 물론 이들 대학에서는 기존 방식대로 객관식 시험을 치르기도 한다. 하지만 점수를 매겨 평가하지 않고 개별적으로 피드백을 제공한다. 예를 들어 '10번 문제는 이번 수업의 핵심 내용인 환태평양 지역의 국제 관계에 대한 이해를 묻는 질문이었다. 다음 주까지 이 지역에 위치한 국가들의 현안이 무엇인지 찾아보고 그 역학 관계에 대해 분석해보면 좋을 것 같다. 오피스 아워에 자세한 얘기를 나누자'와 같은 의견을 제시한다. 시험 결과가 학습의 끝이 아니라 시작이 되는 것이다.

두 번째 방식은 기존의 학점이나 성적 부과 방식을 유지한 채 학생들에게 Pass/Fail 옵션을 제공하는 것이다. Pass/Fail 옵션은 학점 대신 과정 이수 여부만 알려준다. 사실 한 대학의 교육 방식을 한순간에 확 바꾸는 것은 어렵다. 따라서 이 방식은 성적 중심 교육에서 역량 중심 교육으로 이동하는 과정에서 적용할 수 있는 대안이다. 하버드대학교(Harvard University), 버지니아주립대학교(University of Virginia), 펜실베이니아대학교(University of Pennsylvania), 매사추세츠공과대학(Massachusetts Institute of Technology: MIT) 등 미국 내 대부분의 대학이 이 방식을 채택하고 있다. 학기 시작 전에 수강 신청을 하면서 미리 Pass/Fail 옵션을 선택할 수도 있지만 학기 초기에 수업을 들어보고 교수의 허가를 받은 뒤 Pass/Fail 옵션으로 변경할 수도 있다.

미국 대학들이 Pass/Fail 옵션을 제공하는 이유는 두 가지다. 학생들은 학점이나 성적에 대한 부담 없이 수업을 듣기 때문에 보다 적극적이고 능동적으로 수업에 참여하고 학습할 수 있다. 또한 새로운 분야나 주제에 대해 배워보고 싶은 경우 학점이나 성적에 대한 걱정 없이 자유롭게 수업을 들어볼 수 있다. 이는 학습 결과가 아니라 과정에 집중하는 역량 중심 교육을 부분적으로 적용한 것이다. 하버드대학교에서 컴퓨터 공학 입문(CS50: Introduction to Computer Science) 강의를 하는 데이비드 말란(David J. Malan) 교수에 따르면 Pass/Fail 옵션 덕택에 보다 많은 학생들이 컴퓨터 공학에 관심과 흥미를 갖게 되었다고 한다.

역량 중심 교육의 세 번째 방식은 중간고사나 기말고사, 과제나 그룹 프로젝트 등 수업 활동의 성적을 바탕으로 평가하는 기존 수행 중심 평가(Performance-based assessment)와 수업의 학습 목표를 성취할 경우 해당 역량을 인정하는 역량 중심 평가(Competency-based assessment)를 동시에 진행하는 것이다. 예를 들어 퍼듀대학교 기계공학과의 경우 ABET(Accreditation Board for Engineering and Technology) 공학 인증제에서 요구하는 핵심 역량을 중심으로 개별 역량을 정리해 역량 중심 평가를 시행하고 있다. 1학년 1학기에 들어야 하는 수업 중에 ENGR 131 Ideas to Innovation I이 있는데 이 수업의 학습 목표를 성취하면 엔지니어링 기초 역량, 분석적 기술, 디자인 기술, 엔지니어링 솔루션의 영향력, 의사소통, 팀워크, 리더십, 혁신성, 기업가

© freeCodeCamp

학생들이 Pass/Fail 옵션을 선택할 수 있는 하버드대학교의 CS50 강의

정신 등의 역량을 획득하게 된다.

이렇게 미국 대학에서 시도되고 있는 역량 중심 교육은 대학 교육과 관련해 시사하는 점이 크다. 좋은 직장에 많은 학생들을 취업시키는 것이 좋은 대학의 기준 중 하나가 되면서 대학은 학문의 전당으로서의 역할과 기능을 상실한 채 기업의 입맛에 잘 맞는 기업 맞춤형 인재를 양성하는 기관으로 전락하고 있다. 학생들은 수업에서 A학점을 받고 다양한 스펙을 쌓기 위해 노력하느라 옆의 친구를 돌아볼 여력도, 캠퍼스에 꽃이 피고 지는 걸 둘러보며 사색하는 여유도 없다. 하지만 이처럼 하루 24시간이 모자랄 정도로 노력하는 것만으로는 4차 산업혁명 시대의 10대 역량을 갖춘 인재가 될 수 없다.

Matrix of ME Program Outcomes vs. Required Courses

ME Program Outcomes	Sem. 1					Sem. 2					Sem. 3						Sem. 4						Sem. 5					Sem. 6						Sem. 7					Sem. 8				
Rev 4/3/13	MA 165 Analy. Geom. & Calculus I	CHEM 115 General Chemistry	ENGR 131 Ideas to Innovation I	CGT 163 Graphical Comm. and Spatial Analy.	ENGL 106/108 First Year Composition	MA 166 Analy. Geom. & Calculus II	ENGR 132 Ideas to Innovation II	PHYS 172 Modern Mechanics	Science Select. (CHM 116, CS 159, or BIOL 110)	COM 114 Fundamentals of Speech Comm.	ME 200 Thermodynamics I	ME 270 Basic Mechanics I (Statics)	ME 290 Global Engrng Professional Sem.	MA 261 Multivariate Calculus	PHYS 241 Electricity & Optics	Economics Elective	ME 263 Intro. to ME Design, Innov. & Entre.	ME 274 Basic Mechanics II (Dynamics)	ECE 201 Linear Circuit Analysis	ECE 207 Electronic Measurement Techniques	MA 262 Lin. Algeb. and Ordinary Diff. Eqns.	World & Cultural Affairs Elective	ME 309 Fluid Mechanics	ME 323 Mechanics of Materials	ME 365 Systems & Measurements	MA 303 Part. Diff. Eqns for Engrs & Scient.	General Education Elective (GE - 1)	ME 300 Thermodynamics II (RE - 1)*	ME 352 Machine Design I	ME 375 System Modeling & Analysis	MSE 230 Structure & Properties of Materials	Professional Elective (PE - 1)	General Education Elective (GE - 2)	ME 315 Heat & Mass Transfer	ME 475 Automatic Control Systems (RE - 2)*	Professional Elective (PE - 2)	Free Elective	General Education Elective (GE -3)	ME 452 Machine Design II (RE - 3) *	ME 463 Engineering Design	Professional Elective (PE - 3)	Professional Elective (PE - 4)	General Education Elective (GE - 4)
Credit Hours	4	4	3	2	3	4	2	4	3	3	3	3	1	4	3	3	3	3	3	1	4	3	4	3	3	3	3	3	4	3	3	3	3	4	3	3	3	3	3	3	3	3	3
Average Workload (hours/week)	12	12	12	6	6	12	12	12	12	6	13	13	3	13	13	6	18	13	13	5	13	6	18	13	18	13	6	18	18	13	13	13	6	18	18	13	6	6	18	18	13	13	6
A. Engineering Fundamentals																																											
A1. Engineering Fundamentals (a)	P	P	P			P	P	P	P		P	P		P	P		P	P	P	P	P		P	P	P	P		P	P	P	P	V		P	P	V	V		P	P	V	V	
A2. Analytical Skills (e)	P	P	P	P		P	P	P	P		P	P		P	P		P	P	P	P	P		P	P	P	P		P	P	P	P	V		P	P	V	V		P	P	V	V	
A3. Experimental Skills (b)		P		P				P	V											P			P		P							V		P	P	V	V			P	V	V	
A4. Modern Engineering Tools (k)								P									P			P			P		P				P	P		V		P	P	V	V		P	V	V	V	
A5. Design Skills (c)			P	P			P										P						S						P			V		P	P	V	V		P	P	V	V	
A6. Impact of Engineering Solutions (h)			P				P									P	P					V					V		S			V	V	S		V	V		S	P	V	V	V
B. Professional Skills																																											
B1. Communications (g)		S	P	P	P		P	P	V	P	S	S	P				P	S		P			P	S	P			S	P	S		V		P	P	V	V		P	P	V	V	
B2. Teamwork (d)			P				P	P	V								P			P			P		P				P			V		P	P	V	V		S	P	V	V	
B3. Professional and Ethical Responsibility (f)													P				P							P			V			S		V	V			V	V	V		P	V	V	V
B4. Contemporary Issues (j)													P			P						P					V					V	V			V	V	V			V	V	V
B5. Life-Long Learning (i)													P				P										P					P	P			P	P	P		P	P	P	P
C. Emerging Skills																																											
C1. Leadership (l)			P				P						P				P						S		S				S			V		S	S	V	V		S	P	V	V	
C2. Global Skills (m)													P				P					P					V					V	V			V	V	V			V	V	V
C3. Innovative (n)			P				P										P															V				V	V			P	V	V	
C4. Entrepreneurship (o)			P				P										P															V				V	V			P	V	V	

P = Primary Outcome S = Secondary Outcome V = Variable Outcome (depending on elect. chosen)

퍼듀대학교 기계공학과의 공학 인증제 역량표

또한 앞으로는 지식의 반감기가 갈수록 짧아지기 때문에 교수가 강의하는 내용을 배우고 암기해서 시험을 잘 보는 것은 무의미하다. 기존의 지식은 무료 온라인 강좌(MOOC)나 인터넷을 통해 학습하고 수업 시간에는 활발히 토론하고 연구하며 새로운 지식을 창출해야만 국제사회에서 경쟁력을 확보할 수 있다. 따라서 한국의 대학도 지금처럼 주어진 강의 목록에 따라 수업을 진행하고 한 학기가 지나면 학점이나 성적을 부여하고 끝내는 것에서 벗어나야 한다. 수업에 대한 학생들의 이해와 숙련도를 향상시키기 위해, 4차 산업혁명 시대의 역량을 갖춘 인재를 양성하기 위해, 그리고 무엇보다도 교육의 본질을 되찾는 교육개혁의 방법을 모색하기 위해 깊이 고민하고 변화를 꾀해야 할 것이다.

‘어디서 배웠는가’에서 ‘무엇을 배웠는가’로

4차 산업혁명 시대에는 교육 가치도 변할 것으로 전망된다. ‘어느 대학이나 기관에서 배웠는가’보다 ‘무엇을 배웠고 얼마나 이해했는가’가 더 중요해지는 것이다. 대학 졸업장이 좋은 직장을 보장하는 시대는 끝났다. 미국 실리콘밸리의 기업들은 이미 수년 전부터 직원 채용 과정에서 대학 졸업장을 요구하지 않았다. 대신 다각도의 심층 인터뷰를 통해 프로그래밍이나 디자인, 빅데이터 분석 등 채용 분야의 전문성을 갖춘 인재를 영입하고 있다. 대학이나 전문 기관에서 배우지 않았더라도 지식이 깊고 기술의 숙련도가 높다면 인재로 등용되어 자신의 능력을 맘껏 펼칠 수 있는 시대가 4차 산업혁명 시대다.

또한 4차 산업혁명 시대에는 정보의 생산자, 전달자, 소비자의 경계가 무너져 누구나 정보를 생산하고 전달하며 소비할 수 있게 된다. 과거에는 전문가나 교수, 교사, 정부, 기업 등이 정보를 생산하고, 이런 정보를 언론 같은 대중매체나 학교 등이 전달하고, 전달된 정보를 소비자나 학생 등이 소비했다. 하지만 새로운 시대에는 정보 통신과 인터넷, 컴퓨터 기술의 발달로 정보에 대한 접근성이 높아지고 누구나 쉽게 정보를 생산하고 전달할 수 있다. 따라서 언제 어디서든 원하는 정보를 찾고 배울 수 있게 된다. 배움의 장소도 학교의 벽을 넘는다. 일상 자체가 사회적 학습(Social learning)의 공간이 된다. 페이스북의 뉴스피드를 통해 친구들이 올린 정보를 읽는 것도, 블로그나 개인 웹사이트의 공유된 정보를 찾아보는 것도 사회적 학습의 하나다. 온라인 무료 수업인 무크 강좌를 수강하면서 전 세계 사람들과 자유 토론을 하거나 복합 문제를 해결하기 위해 서로 다른 분야의 사람들이 모여 그룹 프로젝트를 진행하는 것도 사회적 학습이다.

사회적 학습의 비중은 갈수록 확대될 것으로 보인다. 학교 수업 이외에도 친구와의 대화나 과외활동 그리고 페이스북이나 카카오톡 같은 소셜 미디어를 통해 지식을 습득할 수 있다. 2000년 이후에 태어난 Z세대(Generation Z)[14]의 경우 궁금한 것이 있으면 선생님한테 묻거나 인터넷 검색을 하지 않고 유튜브에서 동영상을 보며 문제를 해결한다. 한편 사회적 학습의 확대는 에듀블록이라는 새로운 개념도 만들어냈다. 에듀블록은 가상의 전자화폐 거래 방식인 블록체인

14 밀레니엄 세대의 다음 세대를 의미한다. 대체로 인구통계학자들은 1990년대 중반~2000년대 초반이나 2000년대 후반~2010년대 초반에 출생한 세대를 Z세대로 분류한다. Z세대의 가장 큰 특징은 어려서부터 인터넷을 자연스럽게 접해 정보 통신 기술에 익숙하고 SNS를 자유롭게 사용한다는 것이다.

기술을 교육에 적용한 것이다. 무크든 학원이든 친구든 상관없이 자신이 원하는 공부 방법을 찾아 배운 후 학습 내용을 증명하는 에듀블록을 얻는다. 그리고 이를 통해 자신의 역량이나 숙련도를 관리할 수 있다.

에듀블록은 한 시간 단위로 지급된다. 만약 2시간 동안 학습을 했다면 2개의 에듀블록을 얻게 된다. 친구에게 배웠다면 친구가, 문화센터에서 배웠다면 문화센터가, 대학에서 강의를 들었다면 대학이, 학원에서 수업을 들었다면 학원이 에듀블록을 수여한다. 직장에서 특정 분야에 대한 업무를 진행한 경우도 학습 시간으로 인정되어 에듀블록을 모을 수 있다. 직장에서 일하는 시간도 개인의 역량과 숙련도를 강화하는 학습 시간으로 간주된다는 것이다. 이렇게 획득한 에듀블록은 레저(Ledger)라 불리는 가상 학습 장부에 기록되어 보관된다. 에듀블록이란 용어는 2016년 3월 텍사스 오스틴에서 개최된 SXSWedu(South by South West Education)[15] 국제 교육 콘퍼런스에서 작가이자 게임 디자이너인 제인 맥고니걸(Jane McGonigal)이 처음 소개했다. 현재 ACT 재단(ACT Foundation)이 미래연구센터(Institute for the Future)와 공동으로 에듀블록 시스템을 개발하고 있다. ACT 재단은 교육과 일의 연계로 미국 저소득층의 삶의 질을 향상시키기 위해 설립된 재단이다. 4차 산업혁명 시대에는 에듀블록이 디지털 배지와 함께 널리 사용될 것으로 전망된다.

---

15 매년 미국에서 개최되는 콘퍼런스로 미래 교육 전반을 다룬다. 전 세계 교육 커뮤니티를 연결하는 영향력을 통해 지역 행사에서 국제 교육 플랫폼으로 발전했다.

MicroMasters CERTIFICATE

MITx

This is to certify that

Matthew Tracker

Has successfully completed all courses and received passing grades for a MicroMasters in

Supply Chain Management

a program offered by MITx, an online learning partnership between MITx and edX.

Dr. Chris Caplice
Silver Family Research Fellow
MIT

Yossi Sheffi
Faculty
MIT

Jarrod Goentzel
Founder & Director, MIT Humanitarian Response Lab, CTL
MIT

James Blayney Rice Jr.
Deputy Director, CTL
MIT

edX

MICROMASTERS CERTIFICATE
Issued April 2016

VALID CERTIFICATE ID
230842ihu3cn0298mcr2u3rnv0827

매사추세츠공과대학의 마이크로 마스터스 수료증

한편 최근에는 언제 어디서든 무료로 들을 수 있는 온라인 무크 강의를 통해 전문성을 확보할 수 있을 뿐만 아니라 필요한 경우 대학 졸업장까지 받을 수 있다. 수준 높은 무크 강의를 제공하고 있는 매사추세츠공과대학은 최근 마이크로 마스터스 프로그램을 운영하기 시작했다. 무크 강의를 듣고 대학원 수준의 수료증을 발급받을 수 있는 프로그램이다. 주로 경영학 무크 강의들을 모아놓은 공급망 관리(Supply chain management)나 제조업의 원칙(Principles of Manufacturing) 같은 과정이 개설되어 있다. 조지아공과대학교(Georgia Institute of Technology)도 무크 강의로 구성된 컴퓨터 공학 석사과정을 운영하고 있다. 2018년 봄 학기에만 전 세계 109개국 6,365명의 학생들이 이 과정에 등록했다. 무크 강의는 무료이지만 석사 학위를 받기 위해서는 7,000달러 정도의 학비를 납부해야 한다. 하지만 미국 주립대학교의 공대 등록금이 일반적으로 3만 달러 정도라는 걸 감안하면 4분의 1 수준의 학비로 석사 학위를 받을 수 있는 좋은 조건이라 할 수 있다.

평생 배우는 세상

과거에는 한번 배운 내용을 평생 쓰는 것이 가능했다. 정보의 변화 주기가 길고 정보에 대한 접근성도 낮아 대학 과정에서 배운 지식으로 한 직장에서 정년까지 일할 수 있었다. 하지만 4차 산업혁명 시대는 정보의 반감기가 짧아지고 컴퓨터와 정보 통신 기술의 발달로 하루가 멀다 하고 새로운 지식과 정보가 쏟아져 나오기 때문에 오늘 배운 내용이 내일 틀리는 경우도 흔하게 발생한다. 따라서 4차 산업혁명 시대는 평생 학습의 시대가 될 것이다.

성공회 목사이자 베스트셀러 작가인 리처드 넬슨 볼스(Richard Nelson Bolles)가 1978년에 출간한 『인생의 3가지 상자(The Three Boxes of Life)』는 인생을 살아가며 갇히게 되는 3개의 상자를 이야기한다. 순서대로 보면 교육, 일, 은퇴라는 3개의 상자가 우리 삶 앞에 놓여 있다. 열심히 배우고 훈련하는 교육의 시기를 지나면 직장에 취업을 해서 일을 하는 시기가 기다리고 있고 일을 하다 정년이 되면 은퇴해 휴식하며 여생을 보내는 시기가 온다. 하지만 4차 산업혁명 시대에는

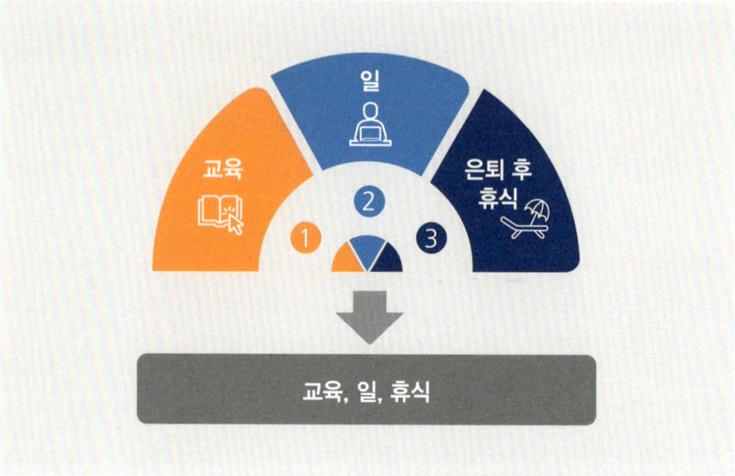

교육과 일, 휴식의 시기가 따로 구분되지 않는다. 평생 동안 교육을 받고 일을 하며 휴식을 취하는 평생 학습의 시대가 도래하기 때문에 앞으로 우리 삶에는 1개의 상자가 놓이게 될 것이다.

그런데 교육과 일, 휴식을 평생 동안 병행한다는 말은 평생 동안 스트레스를 받으며 공부에 전념하고 은퇴 없이 일을 해야 한다는 것이 아니다. 먼저 교육의 경우 역량 중심 교육이 도입됨에 따라 억지로 정해진 수업을 듣지 않고 자신의 관심과 흥미에 맞춰 원하는 수업을 설계해 들을 수 있을 것이다. 직장에서 일을 하다가도 새로운 지식이 필요하거나 관심 분야가 생기면 그때그때 배우면 되기 때문에 학습 효과도 높아진다. 평생 일을 한다는 것은 자신의 적성에 맞고 즐거움을 느낄 수 있는 일을 찾아 일자리를 옮기는 것이다. 또한 새로운 시대의 휴식은 항상 삶의 여유를 갖는 것이다. 일에서

잠시 벗어나 자신이 좋아하는 분야를 공부하기도 하고 여가 생활을 즐기기도 하면서 사람다운 삶을 영위한다.

평생교육 시대로의 전환은 이미 진행 중이다. 2015년 미국 노동통계청(US Bureau of Labor Statistics) 보고서에 따르면 미국인이 평생 갖는 일자리 개수는 평균 11.7개, 영국인은 9개로 나타났다. 한국에서도 평생직장의 개념이 사라진 지 오래다. 2016년 5월 통계청이 발표한 자료에 따르면 15~29세 청년층의 첫 직장 근속 기간은 평균 1년 6개월에 불과했다. 2011년 7월부터 2012년 6월까지의 기간 동안 유럽연합(EU)에서는 28개국의 25세 이상 64세 미만의 사람들 중 40.3%가 평생교육을 받은 것으로 나타났다.

4차 산업혁명 시대에는 대학 교육에서도 평생교육의 개념이 확대된다. 대학 졸업 후에도 언제든 체계적인 교육을 받아 새로운 분야로 옮겨 일을 할 수 있도록 수준 높은 교육을 제공할 것이다. 온라인 교육이 확대되면 양질의 교육을 언제 어디서든 받을 수 있는 '유비쿼터스 평생교육'의 시대가 열린다. 게다가 인공지능과 머신 러닝 기술을 접목한 자동번역 시스템의 발달로 전 세계 모든 대학의 온라인 수업을 집에서 들을 수 있을 것이다. 이런 상황이라면 한국 내 대학 간의 경쟁은 무의미해진다. 역량 중심 교육 등 다양한 교육개혁 방안을 하루빨리 마련하고 실행해야만 한국 대학들이 국제경쟁력을 갖출 수 있게 될 것이다.

평생교육 시대에는 역량의 중요성이 더욱 커진다. 자신의 적성에 맞고 즐거움을 느낄 수 있는 일자리를 찾아 전 세계를 누비는 '잡

노마드(Job nomads)'의 시대가 도래하기 때문에 특정 분야에 대한 직무 능력보다는 어떤 분야에도 적용 가능한 핵심 역량이 더욱 중요해지는 것이다. 세계경제포럼이 발표한 4차 산업혁명 시대의 10대 역량이나 역량 중심 성적표에서 말하는 8대 역량, 그리고 21세기 핵심 역량인 4C에서도 같은 이유로 역량의 중요성이 강조된다. 한편 의사소통이나 리더십, 창의력이나 감성 능력 등 장기간에 걸쳐 발달시키고 관리해야 하는 역량이 있기 때문에 유치원, 초등학교, 중학교, 고등학교, 대학교, 평생교육을 잇는 디지털 배지 시스템으로 개인의 역량을 관리하는 방식이 보편화될 것이다.

에필로그

미래를 위한 의미 있는 발자취

4차 산업혁명이란 말은 사회 전반에 불안감을 안겨주었다. 기업은 기업 나름대로 4차 산업혁명 시대를 대표하는 인공지능, 빅데이터, 사물 인터넷, 로봇 기술, 가상현실, 증강현실, 3D 프린팅 등의 전문가들을 찾아 나서며 기술을 개발하느라 여념이 없다. 정부는 정부 나름대로 4차 산업혁명 시대를 주도해나가기 위해 각종 규제를 완화하고 지원을 강화하는 정책들을 마련하느라 분주하게 움직이고 있다. 하지만 4차 산업혁명이란 말에 가장 속이 타는 사람들은 그 시대를 살아가야 할 우리 아이들과 아이들의 미래를 걱정하는 우리 학부모들일 것이다. 아이들은 당장이라도 코딩 교육을 받지 않으면 큰일 날 것처럼 여긴다. 미래에는 현존하는 직업의 상당수를 인공지능 로봇이 맡고 전혀 새로운 일자리들이 창출된다고 하니 지금 하는 공부도 손에 안 잡힌다. 특히 전 세계에서 가장 높은 교육열을 가진 학부모들은 아이들의 미래가 불투명함에도 불구하고 무엇을 준비해야 하는지 막연해 답답하기만 하다.

4차 산업혁명 시대에는 복합 문제 해결 능력, 비판적 사고 능력, 창의력, 인적자원 관리 능력, 협업 능력, 감성 능력, 판단 및 의사 결정 능력, 서비스 지향성, 협상 능력, 인지적 유연성 등이 중요하다고 여기저기서 말한다. 그리고 현재의 주입식 및 암기식 교육으로는 이런 역량을 키우는 것이 어렵다고들 한다. 하지만 어떻게 해야 하는지 명확한 대안을 제시하는 경우는 별로 없다. 아이들은 엎친 데 덮친 격으로 대학 입시 준비와 함께 코딩이나 프로그래밍을 배우느라 하루 24시간이 모자랄 지경이다. 학부모들은 아이를 위해 뭐라도 해야 한다는 생각에 4차 산업혁명과 관련된 각종 서적을 뒤적인다.

지금 우리에게 필요한 건 숲 속에서 벗어나 멀찌감치 떨어져 숲을 바라보는 지혜다. 숲 속에 있으면 바로 앞에 빽빽이 놓인 나무들만 보이지만 숲 속에서 나와 멀리 산 위에서 바라보면 숲의 본질을 알 수 있기 때문이다. 미로 안에서는 출구를 찾기가 어려워도 미로를 위에서 바라보면 금방 출구를 찾게 되는 것과 마찬가지다. 4차 산업혁명의 본질은 바로 사람과 기술, 인문학이 어우러지는 융복합으로 사람의 지위가 향상되는 것이다. 과학기술의 발달로 사람들은 일자리를 잃게 되는 것이 아니다. 사람의 육체적 노동을 인공지능 로봇이나 기계가 담당함에 따라 사람들은 창의적인 역량을 발휘하는 일들을 하게 된다. 육체적 노동을 하는 시간이 크게 줄면서 사람들은 자기 개발을 위해 여가 시간을 활용하는 다양한 방법들을 찾을 수 있다.

기술 발달은 공부에도 영향을 미친다. 근대는 정보에 대한 접근이 제한적이어서 많은 양의 정보를 잘 암기하는 능력이 중요했다. 이러한 근대에 처음 시작된 공교육 시스템은 조금의 변화도 없이 당시 그대로의 모습으로 아직 운영되고 있다. 하지만 이제는 더 이상 지식을 암기하는 시대가 아니라 언제 어디서든 원하는 지식과 정보를 검색하고 찾을 수 있는 시대다. 암기 능력보다는 정보의 홍수 속에서 양질의 정보를 찾아내고 그것을 기반으로 새로운 정보를 창출해내는 창의력이 더욱 강조되는 시대인 것이다. 게다가 대학 졸업장은 더 이상 안정된 장밋빛 인생을 보장하지 않는다. 명문 대학을 졸업하고도 원하는 직장에 취업하지 못해 공무원 시험을 준비하는 일이 흔하다. 그럼에도 불구하고 오늘도 우리 아이들은 좋은 대학에 가기 위한 입시 공부를 하느라 가장 창의력이 뛰어난 학창 시절을 허비하고 있다.

4차 산업혁명을 앞둔 지금 모든 것은 불투명하다. 하지만 위기처럼 보이는 순간은 사실 우리들에게 기회의 순간이기도 하다. 가장 짙은 어둠 끝에 가장 밝은 빛이 있듯이 4차 산업혁명은 교육의 본질을 다시 찾고 사람 중심의 가치관을 다시금 정립할 수 있는 기회를 제공하고자 하는 것이다. 미국의 역량 중심 성적표 도입에 관한 이야기를 통해 우리가 생각해야 할 것은 '4차 산업혁명을 선도하는 미국에서 왜 이런 변화의 움직임이 일어나고 있는가'이다. 미국의 이런 변화를 미리 파악하고 한국의 교육 시스템을 역량 중심 교육으로 바꿔나갈 수 있다면 4차 산업혁명은 우리 아이들에게 더 나은 미래를 선물하는 기회가 될 것이다. 물론 백년대계인 교육의 변화는 긴 시간을 두고 많은 토론을 하고 숙고하면서 진행되어야 한다. 하지만 지금 내딛는 한 걸음 한 걸음은 우리 아이들의 미래를 위한 의미 있는 발자취가 될 것이다.